Jack Bloom

Restless Legs

Upptäck orsaken och lösningen

Automatiserad teknik vilken används för att analysera text och data i digital form i syfte att generera information, enligt 15a, 15b och 15c §§ upphovsrättslagen (text- och datautvinning), är förbjuden.

Förlag: BoD · Books on Demand, Östermalmstorg 1, 114 42 Stockholm, Sverige, bod@bod.se
Tryck: Libri Plureos GmbH, Friedensallee 273, 22763 Hamburg, Tyskland

ISBN: 978-91-8080-783-8

Biohacka Restless legsEn personlig resa mot lindring och återhämtning

Välkommen till ett äventyr som handlar om biohacking och restless legs. I den här boken utforskar jag olika aspekter av livsstilsoptimering och biohacking som kan hjälpa dig att hantera och leva med Restless legs. En del kan till och med bli av med sina symtom genom att följa mina råd här.

Biohacking innebär att vi utnyttjar våra förutsättningar genom medvetna val och förändringar för att förbättra hälsan.

Biohacking ger dig större kontroll över dina biologiska processer med målet att leva längre och friskare. Helt enkelt att ta fram den bästa versionen av dig.

Även om du har levt med restless legs och andra sjukdomar under lång tid betyder det inte att du behöver fortsätta göra det. Biohacking handlar mycket om insikten att inte behöva nöja sig med det som är, utan att använda vår kapacitet och förmåga för att åstadkomma förändring som leder till hälsa.

Du kan biohacka Restless legs!

Under mina 20 år med RLS har jag utforskat varje tänkbar väg för att hitta lindring och förståelse för sjukdomen.

Under arbetet med denna bok stötte jag på flera ledtrådar som kanske kunde förklara orsaken till RLS.

Arbetet med denna bok gav mig nya ledtrådar om RLS, och jag tror nu att jag har identifierat en av de främsta orsakerna till tillståndet. Utifrån det har jag utvecklat ett behandlingsprotokoll som givit överraskande resultat.

Du kan förbättra dina symtom på 14 dagar – men det är inget löfte

Jag vill understryka att jag inte är en medicinsk expert eller legitimerad läkare. Min bakgrund och kompetens ligger utanför medicinområdet. Men jag har samlat information från pålitliga källor samt delar mina tankar och erfarenheter. Jag har utbildning i traditionell kinesisk medicin (akupunktur), vilket givetvis har präglat mitt synsätt på västerländsk sjukvård.

Kontakta din läkare om det behövs

Varje individ är unik. Innan du följer de råd eller rekommendationer som presenteras i denna bok, uppmanar jag alla läsare att konsultera sin läkare eller professionell rådgivare, särskilt när det gäller behandlingar, medicinering eller hantering av specifika hälsoproblem.

Ta fram den bästa versionen av dig

Denna bok är avsedd att fungera som en källa till inspiration, reflektion och vägledning på vägen mot ett hälsosammare liv. Jag hoppas att den ska ge dig insikter och verktyg som kan hjälpa dig att göra informerade val och främja hälsa på alla nivåer.

Tack för att du tar dig tid att läsa och utforska detta ämne tillsammans med mig.

Att ta fram den bästa versionen av dig – det är vad den här boken handlar om. Hör gärna av dig med frågor eller feedback via e-post

Jack Bloom

Jack.bloom@restlesslegssyndrom.com

www.restlesslegssyndrom.com

Biohacking

"The art of hacking your biology, tapping into nature's secrets to amplify your potential and become the best version of you"

- Jack Bloom

Biohacka Restlesslegs: Ny hypotes som förklarar orsaken till RLS och vägen till möjlig symtomfrihet

När världen sover och mörkret omfamnar allt, finns det de som kämpar mot en osynlig fiende. En rastlöshet som kryper i benen, en oemotståndlig drift att röra sig, en ständigt närvarande störning i vilans tid. Restless legs syndrom (RLS) är både en gåta och en demon som plågar miljontals människor världen över, stjäl deras sömn och frid.

Efter att du har läst den här boken, kommer det förhoppningsvis inte längre vara en gåta. Du kommer förstå vad konventionell medicin missat.

Välkommen till en resa genom kroppens mikrocirkulation, nervsystemets mysterier och de banbrytande biohacks som kan förändra ditt liv. Denna bok är din guide till att förstå RLS på djupet, inklusive hur genetiska faktorer och DNA-test kan spela en avgörande roll i att identifiera och hantera tillståndet. Upptäck praktiska strategier som kan lindra symtomen och återge dig en god natts sömn. Följ med mig när vi utforskar tekniker, från traditionella metoder till modern vetenskap, och lär dig hur du kan ta kontroll över din sjukdom och förhoppningsvis bli av med dina besvär.

Innehållet i boken

Den här boken är uppdelad i tre delar. Den första delen ger en fördjupad förståelse av sjukdomen, inklusive dess historia, orsaker och hur den

16

betraktas inom västerländsk medicin. Du får en tydlig bild av vilken hjälp som kan erbjudas inom sjukvården och vad du kan förvänta dig.

Eftersom RLS ofta är en livslång sjukdom är det viktigt att vara välinformerad för att navigera i vården och hitta rätt stöd. Många upplever att det kan vara en utmaning att få rätt behandling, och denna bok hjälper dig att bättre förstå vägen framåt.

Orsak och Lösning

I del två presenterar jag en ny hypotes om vad som kan vara den underliggande orsaken till restless legs och föreslår behandlingsmetoder baserade på denna teori. Forskare har i över 350 år försökt förstå och lösa gåtan bakom restless legs, men ännu återstår många frågor

Nya teorier som förändrar bilden av RLS

Under lång tid har forskningen om RLS, neuropati och karpaltunnelsyndrom främst riktats mot hjärnans signalsubstanser – särskilt dopamin – och olika neurologiska mekanismer i centrala nervsystemet. Det har varit huvudspåret. Men trots detta vet vi fortfarande förvånansvärt lite om vad som faktiskt orsakar dessa tillstånd hos många drabbade.

Nu börjar andra pusselbitar falla på plats. Nya teorier pekar mot att nervernas omgivning spelar en större roll än man tidigare trott – att svullna eller irriterade nerver kan påverkas av tryck i trånga nervkanaler, särskilt hos personer med underliggande känslighet.

Samtidigt uppmärksammas genetiska variationer som MTHFR – en gen med betydelse för kroppens metylering, avgiftning och nervfunktion – som potentiella bidragande faktorer.

Tillsammans kan dessa nya perspektiv förändra vår förståelse för vad som ligger bakom RLS och närliggande tillstånd. Inte genom att ersätta tidigare teorier, utan genom att komplettera dem – och öppna för fler sätt att förstå, förebygga och behandla.

Biohacka Restless Legs

I del tre beskriver jag de bästa "biohacks" jag har upptäckt under mina tjugo år med sjukdomen. Här delar jag med mig av olika metoder och verktyg för att lindra, reversera eller till och med bota symptomen. Jag går också igenom olika faktorer som kan trigga eller förvärra symtomen, för att du ska veta vad du bör undvika.

Det finns inga garantier för att du blir frisk av att läsa denna bok, men jag lovar att du kommer att hitta tips och råd som inte finns någon

18

annanstans. Här samlas all viktig information om RLS på ett och samma ställe.

De flesta böcker om restless legs är skrivna av läkare för läkare. Den här boken är däremot skriven av en patient för patienter och ger en värdefull inblick i sjukdomens dagliga utmaningar samt praktiska råd som annars kan vara svåra att hitta i medicinsk litteratur.

Genom att dela med mig av mina personliga erfarenheter och de biohacks jag har upptäckt, hoppas jag att kunna erbjuda konkreta lösningar och strategier för att lindra symtomen på RLS/WED. Målet är att hjälpa dig att förstå sjukdomen på ett djupare plan och ge dig verktygen för att ta kontroll över din egen hälsa, vilket kan leda till ett liv med mindre smärta och bättre sömn.

Om du efter att ha läst den här boken känner att du har mer kontroll över din sjukdom – då har jag lyckats.

Innehåll översikt

• Den nya hypotesen som kan förklara orsaken till RLS

• Vad forskarna har missat?

• Den oupptäckta gåtan bakom RLS/WED

• Medicin och sjukvård – Vad vi vet och vad vi inte vet

- Naturpreparat och kosttillskott som har effekt

- Genvarianten som kan orsaka RLS

- Finns svaret i vårt DNA?

- Nya genombrott som kan lindra Restless Legs

- Biohacka restless legs – symtomfri på 14 dagar

- Snygg förpackning, tomt innehåll: Skojeriet med skräpvitaminer

- Kan RLS mediciner förvärra dina symtom?

- Potenta B-vitaminer från Japan för RLS

- Pramipexol – skänk från ovan eller highway to hell?

- Kan trånga nervkanaler orsaka RLS?

- 59 olika biohacks för restless legs som hjälper och som du kan använda nu

- Varför lindras RLS av fasta och ketogen kost?

- DNA – Metyleringstest, en del av svaret?

- Stretching – Nervmobilisering som fungerar

- Hur Diabetes kan ge svällda nerver och RLS symtom

• Hur du hanterar sömnproblem vid RLS

• Kirurgi och RLS – vad vi vet och inte vet

• Strategier för varaktig framgång vid RLS

• Mitt eget steg-för-steg protokoll för behandling av svåra RLS besvär

"RLS är inte psykiskt. Det är elektriskt, kemiskt, fysiologiskt – och ofta reversibelt."

Del 1

Den vanligaste sjukdomen du aldrig har hört talas om

Restless legs (RLS), även kallad WED, är det officiella namnet på sjukdomen som den här boken handlar om. Trots att RLS drabbar en stor del av befolkningen, är det en sjukdom som många aldrig hört talas om.

För många en livslång börda, för 5 % en stor utmaning

Upp till 15 % av befolkningen i västvärlden lider av RLS i någon form, och ca 5 % har allvarliga symtom. Ungefär en tredjedel med RLS symtom har så allvarliga problem att de behöver medicinsk behandling.

Sjukdomen drabbar både unga och gamla och kan utvecklas till en livslång börda, som i vissa fall leder till isolering, arbetslöshet, depression och ökad självmordsrisk.

Trots sin höga prevalens på 10–15 % bland vuxna har RLS inte fått samma forskningsfokus som andra neurologiska och kroniska sjukdomar. Läkemedelsindustrin har inte prioriterat att utveckla effektiva behandlingar. Trots att Restless legs räknas som den näst största neurologiska sjukdomen i världen finns det fortfarande inte någon medicin som är framtagen specifikt för just RLS. De läkemedel som finns tillgängliga är främst utvecklade för Parkinsons sjukdom och epilepsi.

Sällan diagnostiserad och bristfälligt behandlad

RLS är både underdiagnostiserad och underbehandlad, vilket beror på bristande medvetenhet både hos patienter och inom vården. Utan tydlig efterfrågan och insikt från både patienter och vårdgivare är det svårt att motivera investeringar i forskning och utveckling av nya behandlingar.

Historien om Restless Legs Syndrom

Willis-Ekboms sjukdom, även känd som Restless Legs Syndrom (RLS), har fått sitt namn efter två medicinska forskare vars arbete var avgörande för att definiera och förstå tillståndet.

Restless Legs Syndrom har haft olika namn och beskrivningar genom århundradena men började få betydande vetenskaplig uppmärksamhet och en standardiserad definition först under sent 1900-tal. Den moderna förståelsen av RLS formades under 1940- och 1950-talen, då forskare som Karl-Axel Ekbom, en svensk neurolog, dokumenterade och studerade de symtom som senare kom att kallas Restless Legs Syndrom.

Karl-Axel Ekbom

Karl-Axel Ekbom publicerade flera vetenskapliga artiklar där han beskrev de vanligaste symtomen på RLS och dess koppling till sömnstörningar. Han myntade också termen "restless legs syndrom" för att definiera tillståndet. Ekboms insatser var avgörande för det vetenskapliga erkännandet av RLS, och hans forskning lade grunden för senare studier om epidemiologi, genetik, patofysiologi och behandlingar.

Thomas Willis

Thomas Willis var en engelsk läkare och anatom under 1600-talet. Han gjorde betydande framsteg inom forskningen om Restless Legs Syndrom, särskilt genom sina banbrytande studier om hjärnans och nervsystemets roll i tillståndet. Hans arbete har varit avgörande för vår förståelse av tillståndets neurologiska grund. I sina tidiga medicinska skrifter beskrev Willis symtom som liknar de som ses hos dagens RLS-patienter. Han var också den första läkaren som framgångsrikt behandlade RLS-patienter med en opiumtinktur.

Thomas Willis och Karl-Axel Ekbom (WED)

Namnet Willis-Ekboms sjukdom hedrar Thomas Willis och Karl-Axel Ekbom för deras bidrag till att definiera och förstå tillståndet. Detta är den medicinska termen som används för att beskriva Restless Legs Syndrom och hyllar dessa två framstående forskare.

År 2003 erkände American Academy of Sleep Medicine (AASM) RLS/WED som en klinisk diagnos, vilket bidrog till ökad medvetenhet och ett större forskningsfokus på sjukdomen. Trots framstegen finns det fortfarande mycket att förstå om orsakerna och de optimala behandlingsstrategierna för RLS.

Vad är restless legs?

Restless legs syndrom (RLS), även känt som Willis-Ekboms sjukdom (WED), är en neurologisk störning som orsakar obehag i benen och en oförmåga att hålla dem stilla.

Restless legs kännetecknas av obehagliga känslor eller krypningar i underbenen, ibland även i låren och armarna, men besvären är oftast värst i benen. Obehagen sitter djupt i musklerna eller benen, ofta symmetriskt på båda sidor. Vissa patienter upplever även värk.

Krypningarna förvärras vid vila och stillasittande

Symtomen uppträder när kroppen är i vila och lindras vid rörelse. Krypningarna förvärras på kvällen och under långvarigt stillasittande, till exempel på tåg, bio eller framför TV.

RLS medför ofta sömnproblem

Vid sänggående blir problemen värre, och det är ofta omöjligt att hålla benen stilla. Att symtomen på restless legs syndrom förvärras på kvällen och natten leder till sömnproblem. Många patienter har så pass svåra besvär att de tvingas gå upp nattetid och promenera runt i bostaden för att lindra besvären. Detta har gett upphov till termen "nightwalkers".

Det kan vara svårt att beskriva RLS-symtomen för någon som inte har sjukdomen. Jag brukar förklara det som en stark obehagskänsla i vaderna, som bara lindras genom att röra på benen.

Till skillnad från andra neurologiska tillstånd, som neuropati, minskar eller försvinner obehagskänslorna vid RLS när man rör på benen. I vardagligt tal kallas RLS ofta för "myrkrypningar."

Olika beskrivningar av symtomen

RLS-symtom beskrivs på olika sätt. Här är några av de vanligaste beskrivningarna:

Obehag

Tusen nålar

Sockerdrickskänsla

Krypningar

Pirrningar

Myrkrypningar

Coca-Cola i venerna

Rastlöshet

Sprittningar

Stickningar

Domningar

Brännande känsla

Hugg

Stötar

Varierande intensitet

Intensiteten av besvären vid Restless Legs Syndrom (RLS) kan variera mellan patienter. Med tiden tenderar dock symtomen att förvärras, särskilt om de inte behandlas. För de flesta som upplever mer än tillfälliga eller lindriga besvär är sömnproblem ett vanligt inslag. Det innebär både insomningssvårigheter och frekventa nattliga uppvaknanden.

PLMS – Periodiska rörelser i sömnen

PLMS står för Periodic Limb Movements in Sleep, som på svenska översätts till periodiska rörelser i armar och ben under sömnen. Det innebär ofrivilliga och omedvetna korta muskelsammandragningar, som upprepas under sömnen. Dessa rörelser sker främst i benen, men kan också involvera armarna.

Förhöjt blodtryck under PLMS

PLMS-episoder varar mellan 1 och 5 sekunder och kan resultera i flera korta uppvaknanden under natten, vilket påverkar sömnkvaliteten negativt. Även om du inte alltid är medveten om dessa uppvaknanden försämras din sömn på grund av de ständiga avbrotten. Utöver sömnstörningarna leder varje PLMS-attack till en ökning av blodtrycket, vilket kan vara skadligt för hjärtat på sikt. Därför är det viktigt att behandla PLMS, särskilt hos patienter med RLS.

RLS och PLMS – En gemensam utmaning

Ungefär 80 % av alla patienter med RLS har även PLMS. Även om kopplingen mellan dessa tillstånd inte är helt förstådd, har de flesta mediciner som ges mot RLS ofta en dämpande effekt på PLMS-symtomen.

Samlad hantering av RLS och PLMS

För enkelhetens skull inkluderar jag PLMS i allt som rör RLS. I denna text används förkortningen RLS för att inkludera båda symtomen, eftersom de oftast hänger ihop och påverkar varandra.

30

Förekomst och prevalens av restless legs syndrom: Hur vanligt är det?

Exakta siffror på hur många som lider av Restless legs syndrom (RLS) varierar beroende på region, populationsstudier och diagnostiska kriterier. Internationella undersökningar visar att tillståndet förekommer hos så många som 10–15 % av befolkningen i västvärlden, medan prevalensen är något lägre i Asien. Omkring en tredjedel av de som drabbas upplever svåra symtom. De flesta med svåra symtom söker hjälp inom sjukvården.

Mörkertalet kan vara stort

Det är också värt att notera att många med RLS inte får en korrekt diagnos eftersom symtomen kan vara svåra att beskriva och svåra att förstå för dem som inte själva upplever dem. Därför kan prevalensen av RLS vara högre än vad som rapporterats.

Lång tid mellan symtomdebut och diagnos

Studier visar att det i genomsnitt tar 18 år från symtomdebut till diagnos för RLS. Detta beror på att sjukdomen ofta utvecklas gradvis. Många patienter står ut med lindriga symtom, som myrkrypningar, under lång tid innan de söker vård. Vanligtvis blir sjukdomen mer besvärlig när sömnproblem uppstår, vilket ofta leder till att patienterna söker medicinsk hjälp.

RLS är dubbelt så vanligt bland kvinnor som män

RLS förekommer i alla åldrar, men är vanligare bland äldre vuxna. Kvinnor löper dubbelt så stor risk att drabbas jämfört med män, även om orsakerna till detta ännu inte är helt klarlagda. Genetiska faktorer kan öka risken för att utveckla RLS, och upp till hälften av alla med RLS tros ha genetiska anlag för sjukdomen.

Underdiagnostiserad och underbehandlad

Trots att RLS är vanligt förekommande är det ofta en förbisedd sjukdom. Mycket återstår att lära om dess orsaker, behandlingar och långsiktiga konsekvenser.

En av Sveriges ledande experter på restless legs syndrom, överläkaren Lena Leissner har beskrivit tillståndet som "både underdiagnostiserat och underbehandlat i vardagssjukvården" (1). Hennes omfattande forskning och kliniska erfarenhet inom området har bidragit till ökad förståelse för de utmaningar som patienter möter när de söker hjälp för RLS.

32

En amerikansk patientförening har kallat RLS för
"den vanligaste sjukdomen du aldrig har hört talas om."

34

Hur vet jag om jag har RLS?

Symtomen på Restless legs syndrom (RLS) varierar och kan vara svåra att känna igen. Vissa upplever obehag främst i benen, medan andra kan ha en kombination av smärta, nervstöt eller muskelsammandragningar i både ben och armar. För läkare och patienter, särskilt hos barn, är det problematiskt att det inte finns några specifika tester som kan bekräfta diagnosen. Många läkare resonerar: "Om det inte syns på teststickan existerar det inte." Det finns varken blodprov eller röntgenundersökningar som kan bekräfta RLS.

RLS visar sig på olika sätt

RLS kan visa sig på många sätt. Vissa upplever krypningar i benen tillsammans med nervsmärta eller stickningar, medan andra har periodiska muskelryckningar eller sparkar. Ett gemensamt drag är att symtomen blir mer framträdande när kroppen är i vila.

Symtomfri under större delen av dagen

Det är inte ovanligt att personer med RLS upplever lindring eller inga symtom alls under dagen, ofta försvinner de helt. Krypningarna återkommer vid längre stillasittande, särskilt på kvällen eller vid trötthet.

"Det blir alltid värre framåt natten"

"Det blir alltid värre framåt natten" sjöng artisten Björn Skifs i Eurovision Song Contest 1978. Till skillnad från Björn Skifs är det inte ett brustet hjärta som håller oss RLS-patienter vakna om nätterna, utan rastlösa ben. Men det vi har gemensamt är att det "alltid blir värre framåt natten".

Att symtomen är som värst på natten är ett särskiljande kännetecken på restless legs.

Det finns ytterligare symtom som utmärker RLS/WED.

Här är några av de vanligaste symtomen på RLS:

Specifika krypningar lokaliserade till underbenen, mellan knä och fotled, särskilt i vaderna.

36

Krypningarna är inte ytliga eller som klåda, utan känns djupt inne i musklerna.

Vissa beskriver krypningarna som domningar, brännande, stickande eller som "tusen nålar".

En oförmåga att hålla benen stilla, vilket bara lindras genom rörelse.

Obehagen uppstår under vila och lindras så snart benen rör sig.

Symtomen är ofta värst på kvällen och natten och försvinner eller minskar framåt morgontimmarna, oftast mellan kl. 03:00 och 05:00.

RLS kännetecknas även av muskelryckningar, främst i benen men ibland även i armarna, vilket gör att många med RLS ligger och sparkar med benen under natten.

Kort sagt kan Restless legs syndrom beskrivas som en oförmåga att hålla benen stilla när kroppen är i vila.

Min diagnos: En oväntad upptäckt

Jag visste inte att jag led av restless legs. Det kan låta märkligt, men det är sant. Jag blev remitterad till en sömnklinik för att utreda mina förhöjda blodvärden, som kunde ha varit en bieffekt av min behandling med testosteronsubstitut. Eftersom testosteronbehandling kan orsaka förhöjda blodvärden, ville läkaren utesluta att sömnapné låg bakom innan han justerade min dos.

Jag fick låna ett portabelt sömnlabb och kopplade upp mig med elektroder över hela kroppen inför natten. Utrustningen registrerade allt – från rörelser till puls och andning.

"Du har restless legs"

Efter att ha sovit en natt med elektroderna återlämnade jag utrustningen. En vecka senare var det dags för återbesök och utvärdering. Läkaren kallade in mig och medan han gick igenom resultaten, tittade han upp och sa:

– Du har restless legs, visste du det?

– Nej, varför tror du det? frågade jag förvånat.

Han svarade: "Sömntestet visar att du sparkar med benen hela natten. Jag skriver ut en medicin så att du kommer att sova bättre."

18 år från debut till diagnos

Jag fick medicin för min restless legs, men det tog fyra år innan jag började använda den regelbundet. Mitt fall är inte ovanligt – sjukdomen smyger sig på med sporadiska besvär som gradvis ökar i frekvens och

38

intensitet. De flesta söker hjälp först när sömnproblemen blir ohanterliga. Statistiken visar att det i genomsnitt tar 18 år från symtomdebut till diagnos. För mig tog det hela 37 år.

När mina första symtom uppträdde vid nio års ålder beskrev min mamma, som var tandläkare, det som "växtvärk." Jag litade på hennes bedömning – även om hon inte var läkare, trodde jag som barn att hon visste allt. Att barn med RLS får diagnosen växtvärk är förmodligen inte ovanligt.

"Det som kallas idiopatiskt är ofta bara outforskade
samband."

Primär och sekundär restless legs syndrom (RLS)

Restless legs syndrom (RLS) finns i två huvudsakliga former: primär och sekundär. Primär RLS kallas idiopatisk, vilket innebär att den saknar en känd underliggande orsak. Denna form av RLS utvecklas gradvis och debuterar oftast kring 40-årsåldern, men kan drabba personer i alla åldrar. Forskning har identifierat en ärftlig komponent vid primär RLS, vilket innebär att genetiska faktorer kan spela en roll.

Den sekundära formen av RLS, även kallad symtomatisk RLS, uppstår som ett resultat av ett underliggande tillstånd eller sjukdom. Symtomen förbättras eller försvinner ofta när den bakomliggande orsaken behandlas.

Exempel på underliggande tillstånd som kan orsaka sekundär RLS

Graviditet

Järnbrist

Neuropati/nervskador

Njursjukdom

Vitamin B12-brist

Mag-tarmsjukdomar (malabsorption)

Läkemedel

Graviditet: en riskfaktor

Studier visar att cirka 25 % av gravida kvinnor drabbas av graviditetsrelaterad RLS. Dessutom löper kvinnor som utvecklar RLS under graviditeten fyra gånger högre risk att få RLS senare i livet. Orsaken till detta är ännu inte helt klarlagd, men symtomen försvinner vanligtvis efter förlossningen.

När debuterar RLS/WED vanligtvis?

RLS kan debutera vid vilken ålder som helst, men det är vanligast mellan 35 och 50 års ålder. Även barn och äldre vuxna kan drabbas, men risken ökar markant efter 50 års ålder. Det är bra att komma ihåg att sjukdomen kan förekomma vid olika skeden i livet.

Kan ADHD hos barn i själva verket vara RLS?

Hos barn kan det vara svårare att diagnostisera RLS, eftersom de ofta har svårt att beskriva sina symtom lika tydligt som vuxna. Vissa teorier föreslår att barn felaktigt diagnostiseras med ADHD eller växtvärk när de i själva verket kan ha RLS/WED.

Vad är differentialdiagnostik?

Differentialdiagnostik innebär att särskilja sjukdomar med liknande symtom för att identifiera den exakta orsaken till en patients besvär. Eftersom RLS delar symtom med flera andra sjukdomstillstånd måste läkare överväga alternativa diagnoser och använda olika tester för att ställa rätt diagnos

Sjukdomstillstånd som kan ge liknande symtom:

Polyneuropati

Spinal stenos

Sömnapné

Antihistaminer

Vissa läkemedel, såsom antidepressiva, som kan orsaka tillstånd som akatisi

Hög alkoholkonsumtion

Fibromyalgi

B12-brist

Orsaker till RLS enligt medicinsk forskning och praxis

Restless legs syndrom (RLS), även känt som Willis-Ekboms sjukdom (WED), klassificeras som en idiopatisk sjukdom, vilket innebär att orsaken är okänd. Sjukdomar som beskrivs som idiopatiska saknar en tydlig förklaring och kan vara kopplade till olika icke kända faktorer.

Även om orsakerna till RLS inte är helt klarlagda, har forskningen över tid fokuserat på flera teorier. Man har identifierat flera faktorer som tros bidra till sjukdomens utveckling, bland annat genetiska anlag, obalans i dopaminsystemet, järnbrist, mikrocirkulation, graviditet, vissa läkemedel och underliggande hälsotillstånd som diabetes och njursjukdom.

Huvudspår inom RLS-forskning

Dopamin

Misstanken om att en obalans i dopaminsystemet kan spela en avgörande roll har länge varit ett centralt fokus i forskningen, då man observerade att läkemedel för Parkinsons sjukdom hade en positiv effekt på RLS-symtom.

Obalans i dopaminsystemet

Även om RLS-symtomen är som mest intensiva när dopaminnivåerna är låga, misstänker forskare att problemet inte handlar om brist på dopamin. I stället kan det snarare vara ett överskott i vissa delar av hjärnan eller en minskad känslighet hos dopaminreceptorerna. En annan förklaring kan vara en störning i dopamintransporten.

Forskning pekar på en dysfunktion i det dopaminerga systemet, vilket bekräftas av den positiva effekten som dopaminerga läkemedel har på RLS-symtom.

Järnets roll i RLS och dopaminbalansen

En annan teori som fått uppmärksamhet rör järnbristens koppling till RLS. Järn är en viktig kofaktor för tyrosinhydroxylas, det enzym som styr hastigheten i dopaminsyntesen. Brist på järn kan störa denna process och leda till en minskad produktion av dopamin i hjärnan. Även om behandlingsstudier med järntillskott inte alltid har gett entydiga resultat, tyder vissa fynd på att järn kan ha en inverkan på symtomen.

Järn – en nyckelkomponent i behandlingen av RLS

Studier har visat att många RLS-patienter har låga nivåer av serumferritin, en markör för kroppens järnlager. När dessa patienter behandlades med järntillskott, rapporterade de ofta en förbättring av symtomen. Detta har lett till hypotesen att järnbrist kan vara en del av den underliggande patofysiologin för RLS.

Järntillskott är därför en vanlig behandling för patienter med låga järnnivåer.

Sammanfattningsvis visar forskningen att både dopaminobalans och järnbrist spelar viktiga roller i RLS, men mer forskning behövs för att helt förstå sjukdomens komplexa patofysiologi.

Mikrocirkulation och syrebrist

Vissa forskare misstänker att RLS/WED kan bero på nedsatt mikrocirkulation. Forskning antyder att syrebrist och minskat blodflöde i vävnader, inklusive det centrala nervsystemet, kan vara faktorer som bidrar till utvecklingen av Restless Legs Syndrom (RLS). Studier har även identifierat ett samband mellan RLS och genetiska förändringar som påverkar bildningen av kväveoxid, ett ämne som har en viktig roll i blodkärlens funktion. Även kopplingar mellan syrebrist på cellnivå och järnbrist undersöks.

47

Selen

Pågående studier i Sverige undersöker om selen kan vara till hjälp för personer med RLS. Selen är känt för att ha positiva effekter på blodkärlens funktion och fungerar som en viktig regulator för hjärnans processer. Tidigare studier har visat lovande resultat när selen används som behandling. På senare tid har det rapporterats relativt lite om denna forskning.

Övriga teorier

Andra teorier föreslår att inflammation eller immunreaktioner kan bidra till järnbrist eller trigga RLS. Långvarig forskning kring genetiska samband kopplade till RLS pågår också i länder som Tyskland, Italien och Kanada.

Behovet av framtida forskning

Trots att vi har kommit en bit på vägen, finns ett stort behov av fortsatt forskning för att bättre förstå orsakerna till RLS och utveckla mer effektiva och säkra behandlingar samt förbättra diagnostiska metoder. Detta innefattar:

Genetiska studier: För att identifiera genetiska faktorer som bidrar till RLS.

48

Neurobiologisk forskning: För att förstå de neurologiska mekanismerna bakom sjukdomen.

Kliniska prövningar: För att testa nya behandlingar och förbättra befintliga terapier.

Restless legs – en nischmarknad

Trots att RLS är en vanlig sjukdom betraktas den ofta som en nischmarknad, i jämförelse med mer framträdande sjukdomar som hjärt-kärlsjukdomar, diabetes och cancer. Detta minskar läkemedelsföretagens incitament att investera i kostsamma och långsiktiga forskningsprojekt. Flera läkemedel finns redan på marknaden för behandling av RLS, inklusive dopaminerga läkemedel, antiepileptika, opioider och järntillskott. Tillgången till dessa befintliga behandlingar minskar pressen på läkemedelsindustrin att utveckla nya specifika terapier.

350 år av forskning: Varför har det inte skett större framsteg?

Redan 1672 beskrev den engelske läkaren Thomas Willis symtomen på RLS. Trots över 350 års forskning har vi ännu inte helt identifierat mekanismerna som utlöser sjukdomen. Ännu mer överraskande är att det fortfarande, efter alla dessa år, inte finns något läkemedel som utvecklats specifikt för att behandla RLS. I stället används läkemedel utvecklade för andra sjukdomar som Parkinson och epilepsi.

Under 1990-talet genomförde några läkemedelsföretag som producerade Parkinsonmediciner de nödvändiga studierna för att få sina läkemedel godkända även för RLS. Sedan dessa mediciner godkändes 2006 har läkemedelsindustrins intresse för att utveckla specifika läkemedel för RLS minskat.

RLS: En av de vanligaste neurologiska sjukdomarna

Det är anmärkningsvärt hur lite intresse läkemedelsindustrin tycks visa för denna stora patientgrupp. RLS är trots allt en av de vanligaste neurologiska sjukdomarna i världen. Trots att vi har många kompetenta forskare och specialistläkare verkar det främsta hindret vara ekonomin.

Att utveckla ett nytt läkemedel från forskningsstadiet till marknaden tar cirka 15 år och kan kosta flera miljarder kronor. Brist på ekonomiska incitament dämpar förväntningarna på framsteg inom forskningen kring RLS/WED.

RLS skov: Vad du behöver veta under sjukdomens tuffa perioder

Ett skov innebär en tillfällig försämring av en sjukdom eller en kraftig uppblossning av ett cykliskt tillstånd. Vid primär restless legs syndrom (RLS) kan symtomen komma och gå i skov, och orsaken till det är fortfarande inte helt klarlagd. Om du har RLS/WED kommer du sannolikt att uppleva perioder som är bättre eller sämre, med enstaka dagar som kan vara extra besvärliga.

Behåll lugnet – ingen orsak till panik

Försök att inte få panik om du upplever ett skov i din sjukdom. Min erfarenhet är att RLS ofta stabiliseras på en viss nivå och inte förvärras permanent. Ett skov på en eller två dagar behöver inte betyda att sjukdomen har förvärrats på sikt. Faktum är att varje skov för mig ofta följs av en längre period med lindrigare symtom.

Många RLS-patienter beskriver sina skov med fraser som: "I natt hade jag en sådan där natt igen där inga mediciner hjälpte." Det här är något som troligen drabbar alla som behandlas med dopaminagonister. Om din medicinering har fungerat bra en längre tid är det sannolikt att den kommer att fungera som vanligt igen nästa dag.

Vanliga orsaker till skov

Det finns ofta enkla förklaringar till varför symtomen kan förvärras under kortare perioder. Några vanliga orsaker inkluderar:

Överdriven fysisk träning

Intensiv stretching

Väderomslag till lågtryck

Tunga lyft, till exempel att byta däck på bilen

Konsumtion av alkohol eller kaffe

Infektioner

Interaktioner med andra substanser

Stress, ångest eller sömnproblem

Naturliga variationer i kroppens biologiska processer

Variationer i tidpunkten för medicinering

Dagliga fluktuationer i symtomintensitet

Dessa faktorer kan tillfälligt förvärra symtomen, men det innebär inte att sjukdomen har förvärrats permanent.

När symtomen blossar upp – vad hjälper?

Hur du hanterar situationen beror på dina symtom. Jag upplever ibland kraftiga muskelkontraktioner i benen, som kommer som stötar eller sammandragningar 1–2 gånger per minut och kan pågå under halva natten.

Jag har lärt mig att det inte är meningsfullt att ligga kvar i sängen om jag ändå inte kan sova. Att kämpa med ångest i ett mörkt rum kan faktiskt förvärra symtomen.

Här är några saker som lindrar besvären:

Drick lite vatten – att få in vätska i kroppen kan hjälpa.

Kontrollera att du har tagit dina mediciner.

Sätt dig på sängkanten med fotsulorna i golvet 20–60 minuter.

Ta en lugn promenad runt i bostaden och gör några försiktiga rörelser, som när du värmer upp.

Prova CBD-olja, som kan ha en lugnande effekt.

Smörj in vaderna med Voltaren gel – detta är mycket effektivt (ett av mina favoritknep).

Använd kylspray eller kylomslag för att lindra besvären.

Nivåerna av dopamin i hjärnan kan fluktuera hos personer med restless legs, vilket kan påverka hur effektiv medicineringen upplevs under olika perioder. Som jag nämnt finns det flera faktorer som kan bidra till detta problem.

Om du märker att medicinen verkar mindre effektiv under vissa perioder, kan det vara en god idé att föra dagbok över symtom och möjliga påverkande faktorer för att diskutera med din läkare.

Vid riktigt hopplösa nätter händer det att jag tar en liten extra dos pramipexol. Det brukar nästan alltid hjälpa och leda till en god natts sömn. Att det fungerar indikerar för mig att jag vid vissa tidpunkter har lägre nivåer av dopamin i mitt system, eller att medicineringen av någon anledning verkar mindre effektiv. Jag försöker dock undvika denna genväg, att ta en extra dos, för att inte riskera att utveckla tolerans.

Det viktigaste är att du hittar egna sätt att hantera dessa perioder, och kom ihåg att ett skov oftast följs av en lugnare period. Anledningen till det kan vara den extra dosen av pramipexol.

Gitarr och iPad för sömnlösa nätter

Jag har alltid en av mina gitarrer hängande på väggen i sovrummet. I stället för att ligga i mörkret och brottas med ångest tar jag fram gitarren och min iPad. Det finns mängder av gitarrlektioner på YouTube, och jag brukar spela i ungefär en halvtimme tills jag känner att benen är "lugna."

Djupandning

Om krypningar i benen håller dig vaken, prova detta enkla knep. Jag har ingen vetenskaplig förklaring till varför det fungerar, men det har räddat mig många gånger när jag behövt sova.

Om du har svåra besvär, börja med att smörja in vaderna med Voltaren gel. Det spelar ingen roll om ljuset är tänt eller släckt.

Sitt på sängkanten med fötterna stadigt på golvet.

Lägg händerna på knäna och greppa knäskålen som ett handtag.

Sträck ryggen och svanka lätt.

Luta huvudet bakåt och ta djupa, lugna andetag.

Efter ett tag känner du medicinen verka, tröttheten smyger sig på och benen lugnar sig. Vanligtvis tar det mellan 10 och 20 minuter. Släck lampan och god natt!

Här är en annan variant att prova:

Sitt på sängkanten med fötterna i golvet.

Greppa bäddmadrassen mellan dina ben som ett handtag.

Luta dig bakåt så långt du kan och låt huvudet hänga bakåt.

Ta djupa andetag och häng kvar så länge det känns bekvämt.

Efter cirka 30 sekunder, res dig upp med rak rygg.

Vila en stund och upprepa om det behövs.

Dessa övningar ökar andningskapaciteten och kan öppna nervbanorna. De hjälper ofta mot kraftiga krypningar och muskelsammandragningar.

Yogaställningar som Sphinx Pose eller Cobra Pose kan snabbt lindra symtomen. Jag beskriver hur du utför dem i kapitlet om stretching.

Min blå sammetsfåtölj – när hela havet stormar

I mitt sovrum har jag en mjuk, blå sammetsfåtölj med tillhörande fotpall. När jag inte kan somna, öppnar jag fönstret, tar mitt täcke och sätter mig i fåtöljen. Av någon anledning somnar jag alltid där, och när jag vaknar några timmar senare, flyttar jag tillbaka till sängen.

Anledningen till att det kan vara lättare att somna i en skön fåtölj om du har extra besvär kan vara att du har mindre tryck på kroppen i sittande ställning.

Individer med RLS har ofta förhöjd smärtkänslighet och ett överaktivt nervsystem. Att avlasta kroppen genom att sitta ett tag kan göra stor skillnad tuffa nätter.

Av någon anledning blir effekten bättre när fotsulorna har kontakt med golvet, åtminstone det ben som är mest rastlöst.

Sov gott!

"Kroppen ljuger inte. Den viskar först – skriker sen."

Utredning och diagnos

Det finns en officiell modell för att utreda och ställa diagnos.

RLS/WED diagnostiseras genom att identifiera ett symtommönster som uppfyller fem kriterier och, vid behov, en klinisk undersökning.

Diagnostiska kriterier (samtliga kriterier måste uppfyllas)

1. Behov av att röra benen på grund av obehagliga symtom som krypningar.

2. Symtomen förvärras vid vila och inaktivitet, exempelvis när man ligger eller sitter.

3. Symtomen lindras helt eller delvis vid rörelse på benen.

4. De obehagliga symtom som framkallar behovet av att röra på benen vid vila blir värre på kvällen eller natten.

5. Förekomsten av ovanstående symtom är primär och inte orsakade av andra medicinska åkommor eller beteendefaktorer.

"Det är inte benen som vill röra sig – det är nervsystemet som inte får vila."

RLS under luppen: Effektiva behandlingsstrategier inom sjukvården

Egenbehandling

Om du har lindriga eller sporadiska symtom kan egenbehandling vara tillräcklig för att hantera Restless legs syndrom (RLS). Behandlingen kan innebära livsstilsförändringar som regelbunden motion och att undvika koffein och alkohol. En del upplever förbättring genom träning och viktminskning, medan andra kan få lindring av kompressionsstrumpor, kylomslag eller massage.

Det finns även flera kosttillskott och naturmedel som jag beskriver i del två av boken. Dessa inkluderar vitaminer och mineraler som kan lindra symtomen. Även om symtomen inte försvinner helt, kan dessa tillskott avsevärt minska besvären

Exempel på egenbehandling

Här är några naturliga metoder och livsstilsförändringar som kan bidra till att lindra symtomen på RLS. Dessa strategier kanske inte eliminerar symtomen helt, men kan vara till nytta för många:

Regelbunden motion: Måttlig motion kan förbättra blodcirkulationen och minska obehaget i benen.

Järntillskott: För vissa kan järnbrist vara en underliggande orsak till RLS. Att ta järntillskott kan hjälpa till att öka kroppens järnnivåer och minska symtomen. Det är dock viktigt att konsultera en läkare innan du börjar med kosttillskott.

Undvik koffein och alkohol: Koffein och alkohol kan förvärra symtomen hos vissa personer. Att minska eller eliminera dessa ämnen kan förbättra symtomen.

Regelbundna sömnvanor: Att etablera en regelbunden sömnrutin och skapa en lugn, avslappnad sömnmiljö kan förbättra sömnen och minska obehaget i benen.

Avslappningsmetoder: Tekniker som djupandning, meditation och progressiv muskelavslappning kan minska stress och spänningar, vilket i sin tur kan lindra symtomen på RLS.

Värme och kyla: Att applicera värme eller kyla på benen kan vara effektivt för många och bidra till att lindra obehaget.

Det är viktigt att notera att det som fungerar för en person fungerar kanske inte för en annan. Om du lider av RLS bör du diskutera behandlingsalternativ och livsstilsförändringar med en läkare eller specialist för att skapa en individanpassad behandlingsplan.

Sömnproblem: Den vanligaste orsaken till att söka vård för RLS

De flesta patienter med restless legs-symtom söker vård först när problemen blir så allvarliga att de påverkar sömnen. Det är ofta sömnbristen som driver människor att söka hjälp, eftersom det är då paniken sätter in. Att inte kunna sova påverkar inte bara ens förmåga att fungera i vardagen, utan kan likaså inverka negativt på arbetsprestationer, relationer och allmän hälsa. Sömnproblem kan dessutom leda till depression och andra hälsorelaterade komplikationer.

Att få rätt vård – en utmaning när vården saknar svar

Idealiskt sett får du träffa en läkare som lyssnar på dina problem, genomför en noggrann utredning och hjälper dig hitta rätt medicin. Om allt går som det ska får du en medicin som lindrar symtomen och förbättrar din sömn.

Men verkligheten är inte alltid så enkel. Många läkare har begränsad kunskap om restless legs syndrom (RLS), vilket inte är förvånande. Trots att våra läkare har en lång och gedigen utbildning kan de inte vara experter på alla områden. RLS är ett relativt "nischat" område inom medicinen, och även specialister som neurologer kan sakna insikt i denna sjukdom. Att få rätt diagnos och behandling kan därför vara en utmaning.

"Dream Team" inom vården – det finns hopp

Det finns dock ingen anledning att misströsta. I varje land finns ett "Dream Team" bestående av välutbildade och erfarna läkare med expertkunskaper inom olika områden, inklusive RLS. Även om det kan ta tid att få en remiss till en neurologisk klinik där dessa specialister finns, är det viktigt att veta att hjälpen finns där.

Begränsningar i vård och medicinering

Det är även bra att känna till att vissa patienter bara blir delvis hjälpta av medicinsk behandling. Ett vanligt problem är att vissa läkemedel som först lindrar symtomen kan förvärra dem över tid. Många utvecklar också en tolerans mot medicinen, vilket innebär att dosen behöver höjas för att uppnå samma effekt – men detta kan begränsas av läkemedlets biverkningar.

64

I nästa avsnitt går vi igenom vilka mediciner som finns tillgängliga för behandling av RLS och hur de fungerar.

"Fasta är inte att svälta – det är att återställa."

Parkinsons-läkemedel och deras användning vid RLS

Dopaminerga läkemedel, som ursprungligen utvecklades för att behandla Parkinsons sjukdom, utgör grunden för behandlingen av restless legs syndrom (RLS). Av en slump upptäckte man att dessa läkemedel var mycket effektiva för att lindra RLS-symtom, som innefattar obehagliga känslor och ofrivilliga rörelser. Dessa läkemedel har nu blivit en hörnsten i RLS-behandlingen.

Dopaminerga läkemedel påverkar dopaminsystemet i hjärnan, där dopamin fungerar som en signalsubstans viktig för bland annat rörelse, belöning, motivation och humör.

Dopaminagonister i fokus

Det finns olika typer av dopaminerga läkemedel, men två varianter används särskilt för RLS-behandling:

Dopaminagonister: Dessa läkemedel används vid kroniska besvär och verkar genom att efterlikna dopaminets effekt i hjärnan.

Dopaminprekursorer: Dessa ges vid mer sporadiska besvär och fungerar genom att öka dopaminproduktionen i hjärnan.

Vid RLS som kräver medicinering är dopaminläkemedel ofta förstahandsvalet inom västerländsk sjukvård.

Du har inte Parkinsons sjukdom

Det är viktigt att understryka att om du får ett läkemedel som utvecklats för Parkinsons sjukdom, innebär det inte att du har eller riskerar att utveckla Parkinsons.

2006 – en viktig milstolpe för RLS-behandling

År 2006 godkändes tre Parkinsons-läkemedel även för behandling av RLS. Innan dess skrevs dessa läkemedel ut till RLS-patienter via så kallad "off-label"-förskrivning, vilket innebär att läkemedlet används för ett annat ändamål än det ursprungligen godkänts för. Men från 2006 blev de officiellt tillgängliga för behandling av RLS.

Inget dedikerat läkemedel för RLS

Trots att dopaminerga läkemedel används framgångsrikt för RLS, finns det fortfarande inget läkemedel specifikt utvecklat för att behandla sjukdomen. Det är mer troligt att fler läkemedel, redan godkända för andra sjukdomar, kan godkännas även för RLS-behandling.

"RLS är ett kvitto på att något inte stämmer. Inte en diagnos du måste leva med — utan ett samtal som väntar på svar."

Besök hos min neurolog

Väntrummet på neurologens mottagning är tomt. Inredningen är stram, och tystnaden nästan påtaglig. Ingen syns till, det enda ljudet som hörs är ett monotont knackande från ett tangentbord längre ner i korridoren. Jag börjar undra om jag har kommit rätt – neurologen jag ska träffa har nyligen flyttat sin mottagning efter senaste besöket. Plötsligt öppnas en dörr, och läkaren vinkar in mig.

"Vad bra att du kom, slå dig ner," säger han.

Neurologen har behandlat mig för RLS i tio år. De första åren ägnades åt utredningar – provtagningar, magnetröntgen och tester för att mäta nervledningshastigheter. Dessutom gjordes andra medicinska undersökningar för att utesluta andra sjukdomar. Min behandling har under lång tid bestått av dopaminagonisten Sifrol, 0,18 mg, med rekommendationen att ta tre tabletter till kvällen för att lindra mina restless legs-symtom.

Samtalet tar vid där vi slutade sist, när jag uttryckte min frustration över att inte förstå orsaken till mina besvär. Jag hade svårt att acceptera att allt skulle bero på en obalans i hjärnan. Varför just jag?

71

Jag fortsatte diskussionen

Jag ställde frågan på nytt:

"Förra gången jag var här sa du att mina RLS-besvär beror på en dopaminobalans i hjärnan," sade jag till honom.

"Ja, precis, det är så jag ser det," svarade han.

"Okej, men om det handlar om en dopaminobalans i hjärnan, varför får jag då krypningar i ett ben i taget? Borde det inte påverka båda benen samtidigt?"

Neurologen blev tyst ett ögonblick, så jag fortsatte:

"Jag lyssnade nyligen på ett föredrag av Dr. Bergman, en välkänd kiropraktor från Los Angeles. Han beskrev RLS som ett tillstånd orsakat av tryck på en nerv, vilket leder till nervretning. En annan läkare menar att det kan bero på dålig blodcirkulation. Min husläkare tror att det är en komplikation från min diabetes."

Jag lade till: "Jag påpekade också att mina symtom uppstod före min diabetesdiagnos, och jag märker att de förvärras av fysisk aktivitet, som tunga lyft. Vad kan vara orsaken till detta? Vad är egentligen grundorsaken till min RLS?"

Det kan vara en kombination av faktorer

Neurologen lutade sig tillbaka och funderade en stund innan han svarade: "Det kan vara en kombination av alla faktorer du nämnde."

Först kände jag att det var ett undvikande svar – ett enkelt sätt att avsluta diskussionen utan att ge något konkret. Men med tiden har jag insett att hans svar kanske låg nära sanningen. Neurologens resonemang reflekterade en mer komplex bild av sjukdomens patofysiologi, där flera olika faktorer bidrar till symtomen.

Patofysiologi RLS

Hans slutsats kan sammanfattas som att patofysiologin för RLS är multifaktoriell och inte helt förstådd. Det betyder att både genetiska faktorer och påverkan från omgivningen samt livsstilsfaktorer spelar in för att sjukdomen ska bryta ut.

"När benen aldrig får vila, är det kroppen som säger ifrån."

Läkemedelsstrategier: Rätt medicin för rätt symtom

Det finns fyra godkända läkemedel för behandling av restless legs syndrom (RLS): tre dopaminagonister och en opioid. Dessa är:

Dopaminagonister: Ropinirol, Rotigotin, Pramipexol

Opioid: Oxykodon/Naloxon

Vanliga behandlingsalternativ för RLS

Dopaminagonister

Levodopa

Antiepileptika (alfa-2-delta-ligander)

Bensodiazepiner

Opioider

Järntillskott

Det upptäcktes av en slump att läkemedel utvecklade för Parkinsons sjukdom, såsom dopaminagonister och Levodopa, gav effektiv lindring för RLS symtom.

Varför parkinsonsmedicin?

Om du behandlas med Parkinsons läkemedel för dina RLS-symtom betyder det inte att du har Parkinsons sjukdom eller löper högre risk än någon annan att utveckla den. Dessa läkemedel används då de påverkar dopaminsystemet, vilket är centralt i både Parkinsons sjukdom och RLS.

Behandlingsstrategier: Landsspecifika skillnader och symtombild

Läkemedelsbehandlingen av RLS kan variera beroende på vilket land du bor i och om dina symtom är kroniska eller sporadiska. I många länder är dopaminagonister förstahandsvalet, medan vissa föredrar att börja med alfa-2-delta-ligander. Levodopa används ofta vid mer sporadiska besvär.

Sporadiska eller kroniska RLS-symtom: Vad skiljer dem åt?

Hur vet du om dina besvär är kroniska eller sporadiska? Kroniska besvär brukar definieras som obehandlade symtom som uppstår minst två gånger i veckan i genomsnitt under det senaste året. Vid mindre frekventa symtom klassificeras besvären som sporadiska.

Dopamin: Signalsubstansen som påverkar ditt välbefinnande

Dopamin är en signalsubstans som överför nervsignaler i kroppen. Vid restless legs syndrom (RLS) uppstår symtomen ofta på grund av brist på dopamin i vissa delar av hjärnan. Dopamin kan dock inte passera från kroppen in till hjärnan eftersom hjärnan skyddas av en barriär som kallas blod-hjärnbarriären. Detta gör det omöjligt att direkt tillföra dopamin till hjärnan.

Vissa forskare menar dock att det kanske inte är själva bristen på dopamin som orsakar RLS, utan att dopaminet rör sig för långsamt genom nervsystemet, vilket leder till symtom som myrkrypningar och obehag i benen.

Dopaminagonister och levodopa

De vanligaste läkemedlen för behandling av restless legs syndrom (RLS) är dopaminagonister och Levodopa (L-Dopa).

Dopaminagonister: Dessa läkemedel imiterar dopaminets funktion genom att stimulera dopaminreceptorerna i hjärnan. Genom att aktivera dessa receptorer hjälper dopaminagonister till att reglera rörelser och muskelsammandragningar, vilket lindrar symtomen vid RLS.

Levodopa (L-Dopa): Levodopa ökar dopaminproduktionen i hjärnan. När det passerar blod-hjärnbarriären omvandlas det till dopamin, vilket lindrar symtomen. Levodopa kombineras ofta med Benserazid för att förhindra att dopamin bildas innan det når hjärnan, vilket kan ge biverkningar i andra organ.

Både dopaminagonister och Levodopa har visat sig vara effektiva för att lindra RLS-symtom och förbättra sömn och livskvalitet.

Utmaningar och risker med långvarig dopaminerg behandling

Även om dopaminerga läkemedel är effektiva för att lindra RLS-symtom, kan långvarig användning orsaka problem. Det brukar beskrivas som att utmaningen med dopaminerga läkemedel är att få dem att fungera över tid. De största riskerna är:

Toleransutveckling: Efter en tids användning kan kroppen utveckla

tolerans mot läkemedlet, vilket innebär att symtomlindringen blir mindre effektiv över tid.

78

Augmentation: Detta är ett tillstånd där läkemedlet, trots att det initialt gav lindring, på sikt orsakar en förvärring av symtomen.

Augmentation – Riskerna med långvarig behandling

Vad är augmentation?

Upp till 60% av patienter med Restless Legs Syndrom (RLS) som behandlas med dopaminagonister, särskilt under lång tid, beräknas drabbas av augmentation. Augmentation innebär en försämring av symtomen över tid, där symtomen kan uppstå tidigare på dagen, bli mer intensiva eller sprida sig till andra delar av kroppen som armarna. Augmentation kan bäst beskrivas som behandlingsorsakad förvärring av symtomen.

Specialister inom neurologi har börjat beskriva det som 'överdosering av dopaminagonister." Ibland kan en lägre dos ge bättre resultat. Levodopa har en starkare koppling till augmentation och används oftare för patienter med sporadiska symtom.

Tecken på augmentation inkluderar:

Symtom som uppträder tidigare på dagen

Ökad symtomintensitet

Symtom som sprider sig till andra delar av kroppen, som armar och axlar

För att undvika augmentation är det viktigt att inte öka dosen för snabbt och att konsultera en specialist om symtomen förvärras.

Alternativa behandlingsmetoder för RLS

Om du upplever biverkningar eller om medicinen förlorar sin effekt finns flera alternativ att överväga:

Byta till en annan medicin, exempelvis Gabapentin

Minska eller dela upp dosen

Testa en långverkande dopaminagonist

Prova en "washout"-period, där du pausar medicinen i tio dagar (under läkares övervakning)

Andra alternativ inkluderar antiepileptika och järntillskott. Opioider används som en sista utväg vid svåra fall.

Det viktigaste att tänka på

RLS-behandling kräver kontinuerlig anpassning och noggrann övervakning. Genom att justera doseringen och överväga alternativa behandlingar kan risken för augmentation minskas, och symtomen kan kontrolleras med så få biverkningar som möjligt. Alla ändringar i dosering ska göras i samråd med din läkare.

"Nerver svullnar inte av slump. Signaler skapas inte utan grund. Vi har bara inte ställt rätt frågor än."

Behandling av Restless Legs Syndrome (RLS)

Dopaminagonister: Förstahandsvalet vid RLS

Dopaminagonister som pramipexol och ropinirol används ofta som förstahandsval vid behandling av RLS. Dessa läkemedel härmar dopamin, vilket lindrar symtomen. Pramipexol absorberas snabbt och har en halveringstid på 8–12 timmar, medan ropinirol har en kortare verkningstid och kräver mer frekvent dosjustering.

Risk för augmentation vid långvarig behandling

Att öka dosen av dopaminagonister kan paradoxalt nog förvärra RLS-symtomen, ett fenomen som kallas augmentation. Rotigotin, administrerat via plåster, minskar risken för augmentation tack vare sin långsamma och jämna frisättning. Vissa patienter använder plåstret endast under natten.

Levodopa: Effektivt men Riskfyllt

Levodopa används vanligtvis vid milda eller sporadiska symtom, men långvarig användning medför en ökad risk för augmentation. Därför undviks kontinuerlig behandling med Levodopa vid svårare fall av RLS.

Antiepileptika: Alternativ vid svårare fall

Gabapentin och Pregabalin, som påverkar nervsignaler, används när dopaminagonister inte ger tillräcklig lindring, särskilt när neuropatisk smärta är inblandad. Pregabalin är narkotikaklassat, vilket gör Gabapentin till ett vanligare val.

Bensodiazepiner: Sömnförbättrare vid RLS

Bensodiazepiner som klonazepam används för att förbättra sömnkvaliteten hos RLS-patienter, men de rekommenderas inte längre som förstahandsval. De kan användas i kombination med andra läkemedel för att lindra sömnproblem, men dagsömnighet kan vara ett problem, särskilt för äldre patienter.

Opioider och Restless legs syndrom: En gammal lösning på ett modernt problem

För över 350 år sedan upptäckte läkaren Thomas Willis att opioider lindrade sömnproblem hos patienter med RLS. Denna insikt är fortfarande relevant idag, eftersom RLS är en neurologisk sjukdom med smärtsymtom, där smärtstillande medel ofta ger lindring.

Låg dos, låg risk för beroende

Många RLS-patienter behöver endast låga doser opioider för symtomlindring, vilket minskar risken för beroende, särskilt viktigt i ljuset av opioidkrisen. Opioider såsom tramadol, oxykodon, hydrokodon och metadon används vanligtvis som tilläggsbehandling vid svåra fall av RLS. Metadon, som är särskilt potent, har även använts som monoterapi. Trots stigmat kring långvarig opioidbehandling, kan metadon ge stor lindring utan att dosen behöver ökas över tid, tack vare dess låga risk för toleransutveckling. Metadon finns som tablett eller i flytande form, men patienter bör övervakas för sömnapné.

Risker och biverkningar

Metadon är förknippat med vissa risker, bland annat har dödsfall rapporterats efter fem dagars behandling. Läkare måste vara medvetna om de specifika riskerna med detta läkemedel. Oxykodon, som också används vid RLS, är beroendeframkallande och missbruket har ökat kraftigt. Kombinationen av oxykodon med alkohol eller andra substanser kan vara livshotande.

Tramadol: Ett alternativ vid svåra fall

Tramadol är inte godkänt för RLS-behandling men används ibland off-label i svåra fall. Det fungerar både som smärtstillande medel och muskelavslappnande, men det finns risk för beroende, och biverkningar som dåsighet och yrsel är vanliga. På grund av tramadols fördröjda effekt kan risken för överdosering öka, särskilt för känsliga individer.

Alternativ: Morfinpump

För patienter med extremt svår RLS, där andra läkemedel inte hjälper, kan en intratekal morfininfusion via pump övervägas. Detta används endast i undantagsfall och kräver noggrann övervakning.

Sammanfattning

Opioider kan erbjuda betydande lindring för patienter med svår RLS, men behandlingen måste ske under noggrann övervakning. Riskerna för beroende och överdosering är betydande, men vid rätt behandling kan patienter återfå sin livskvalitet och leva utan smärta.

"RLS är inte ett mysterium – det är bara en berättelse vi ännu inte lärt oss att tolka."

En försommarmorgon förändrades allt:
Restless legs i barndomen

Jag var nio år gammal när jag för första gången upplevde symtom på restless legs syndrom. Det var en lördagsmorgon i maj 1973, en dag som jag aldrig kommer att glömma.

Det var en av de där perfekta försommarmorgnarna i Sverige. Slutet av maj, solen sken och mitt sovrumsfönster stod öppet. Den ljumma vinden bar med sig doften av sommar. Det var lördag, min favoritdag, fylld av frihet att leka och njuta. Allt kändes perfekt.

Plötsligt, medan jag låg där och njöt av stillheten, kom en konstig och obehaglig känsla i mitt vänstra ben. Jag försökte somna om, men väcktes snart av samma märkliga känsla igen.

Obehaget började

Jag sträckte ut benet, lade mig på mage och försökte sova vidare. Men efter bara några minuter var jag tvungen att röra på benet igen. Obehaget växte, och jag började undra varför jag inte kunde hålla benet stilla. Till slut gav jag upp, irriterad över att jag inte kunde somna om.

Vid frukostbordet, när jag satt med mina flingor och serietidningar, var obehaget snart glömt.

"Växtvärk", sa mamma

När mamma, iförd morgonrock och tofflor, kom in i köket, undrade hon varför jag var uppe så tidigt på en lördagsmorgon. Jag förklarade att jag inte kunde hålla benen stilla och frågade om hon visste varför. Mamma, som arbetade inom vården, funderade ett ögonblick och sa att det nog bara var "växtvärk". När hon lämnade köket hörde jag henne mumla något om att "hypokondrikern" var i gång igen.

Restless Legs hos barn: Svårt att beskriva symtom

Restless legs kan debutera i alla åldrar, även om det är mindre vanligt hos barn. Man uppskattar att ungefär två procent av skolbarn lider av RLS. En nyligen genomförd studie i Kina, där 6 500 barn i åldern 8–17 år deltog, visade att 2,7 procent av flickorna och 1,7 procent av pojkarna hade symtom på RLS. Även om barn ofta har svårare att beskriva sina symtom, liknar de i stort sett de hos vuxna.

Sömnlöshet hos barn kan vara något annat

Sömnproblem är ett av de tidigaste tecknen på RLS. Vissa barn somnar utan problem men vaknar efter några timmar och börjar sparka med benen eller gråta. En del kan till och med slå sig på benen eller riva sig själva. Precis som hos vuxna följer symtomen en tydlig dygnsrytm, där besvären börjar på eftermiddagen och förvärras mot kvällen.

Är det verkligen ADHD eller RLS?

Orolig sömn och dagtrötthet är även vanliga symtom hos barn med RLS. Behovet att röra benen kan bli så starkt att det blir omöjligt för dem att sitta stilla. Många barn upplever ofrivilliga muskelryckningar och sparkar. Det är möjligt att vissa barn som diagnostiserats med växtvärk eller ADHD egentligen har RLS. Behandling för barn kan innefatta järntillskott, klonazepam eller Iktorivil. För tonåringar kan läkemedel som gabapentin eller dopaminagonister, exempelvis pramipexol, vara aktuella.

Att få svar: Utredning av barn med RLS

Det finns en etablerad modell för att fastställa om en person har RLS. Den består av fem kriterier, och alla måste vara uppfyllda för att få en diagnos. Eftersom barn har svårare att uttrycka sina symtom kan denna modell behöva anpassas för barn. Jag har tagit fram ett förslag på en utredningsmodell för barn som jag hoppas kan vara till hjälp.

Ta symtomen på allvar – När växtvärk kan vara RLS

Om ditt barn har svårt att sova eller klagar på obehag i benen, ta det på allvar. Barn har ofta svårt att tydligt beskriva sina symtom, och det som verkar vara växtvärk kan faktiskt vara RLS. Personligen misstänker jag att många barn som fått diagnosen ADHD egentligen lider av RLS.

Utredning av barn med Restless legs

Här är några punkter som kan indikera att ditt barn bör utredas vidare hos läkare för RLS/WED.

1. Barnet har svårt att sitta still framför TV:n på kvällarna.

2. Somnar barnet men vaknar upp och gråter, eller slår sig på benen när det vaknar?

3. Kontrollera barnets säng. Är underlakanet på plats, eller verkar det som om barnet har rört sig och sparkat mycket under natten?

4. Klagar barnet på smärta i benen eller fötterna?

93

5. Vaknar barnet ofta under natten eller har det svårt att somna?

6. Har barnets lärare rapporterat att barnet har svårt att koncentrera sig eller är rastlös under lektionerna, särskilt på eftermiddagen?

7. Vad är skillnaden mellan växtvärk och restless legs? Växtvärk lindras vanligtvis inte genom att röra på benen.

Pramipexol: Skänk från ovan eller highway to hell?

När vi söker läkarvård

Patienter med restless legs söker oftast hjälp när sömnproblemen blir besvärliga. Vid tillfälliga besvär kan läkaren skriva ut ett annat läkemedel, men för kroniska och ihållande symtom är pramipexol ofta förstahandsvalet.

Läkemedlet ger ofta snabb lindring genom att minska krypningarna i benen och förbättra sömnen. Att slippa nattliga ryckningar och frekventa uppvaknanden förbättrar livskvaliteten markant. För vissa patienter försvinner symtomen helt, medan andra upplever endast viss lindring.

En farlig väg för vissa

Om historien slutade här, hade allt varit enkelt och okomplicerat. Men för många patienter är det bara början på en svår resa. Behandlingen av RLS med läkemedel utvecklade för Parkinsons sjukdom innebär risker – en dold baksida som ofta inte förmedlas till patienterna.

För att svara på min inledande fråga: Läkemedelsindustrin kan se detta som en skänk från ovan, medan det för många patienter är som att åka på en motorväg mot helvetet.

Pramipexol – kan medicinen göra dig sjuk?

Jag vet inte säkert, men ibland har jag undrat om det kan vara på det sättet.

Augmentation: När behandlingen gör symtomen värre

"En av de största utmaningarna är att få denna medicin att fungera över tid." Detta är en vanlig fråga som lyfts i medicinska artiklar om RLS/WED. Att kalla det en utmaning kan vara en underdrift, med tanke på att upp till två tredjedelar av patienterna förr eller senare drabbas av så kallad "augmentation" – en behandlingsorsakad förvärring av symtomen.

Behandlingsorsakad förvärring – en paradox

Med tiden kan medicinen göra dig så sjuk att du inte längre kan ta den. Ironiskt nog kan läkemedlet som är avsett att lindra symtomen i stället förvärra dem. Många läkare informerar inte tillräckligt om de allvarliga biverkningar som pramipexol kan orsaka, eller att medicinen med tiden kan förvärra symtomen.

Hur många patienter skulle ha tagit medicinen om de fått hela bilden från början?

Paranoia, minnesförlust, spel och sexmissbruk

Om läkaren i stället hade sagt så här: "Innan du tar den här medicinen måste jag informera dig om att upp till 60 % av alla som tar den blir så sjuka av den att de på sikt måste sluta. Nästan två tredjedelar får förvärrade symtom, med symtom som börjar tidigare på dagen och sprider sig till andra delar av kroppen såsom axlar, armar och händer, kanske till och med buken och ansiktet"

"Dessutom kan läkemedlet orsaka biverkningar som ofrivilliga rörelser av armar och ben, förvirring, yrsel, starkt behov av att bete sig ovanligt, hallucinationer, förvirring, ödem, sömnlöshet, försämrad syn, paranoia, onormal verklighetsuppfattning, minnesförlust, svimning, hjärtsvikt, dyspné, oförmåga att motstå impulser att skada sig själv och andra, spelmani, sexmissbruk, slöseri med pengar eller överdrivet köpbeteende, hetsätning eller delirium.

Frånsett allt detta kommer du att sova bättre"…

Varning för patient på Pramipexol

På grinden till mitt hus sitter en skylt med en rottweiler och texten "Varning för hunden." Kanske borde jag byta ut den mot en skylt som säger: "Varning för patient på Pramipexol"?

Risken för biverkningar ökar naturligtvis med högre doser. Parkinsonpatienter tar mycket större doser än RLS-patienter, upp till tio gånger mer. Men de biverkningar jag nämner är även listade som biverkningar i samband med behandling av RLS/WED.

Augmentation: Därför hanteras doseringen idag med extra försiktighet

Augmentation är anledningen till att lägre doser nu rekommenderas, eftersom de kan vara lika effektiva och minska risken för allvarliga biverkningar.

Varför fortsätter vi trots riskerna med pramipexol?

Alternativen är få. Behandlingen börjar vanligtvis med en dopaminagonist, såsom pramipexol, och fortsätter så länge den är effektiv. När det slutar fungera byter man till något annat eller kombinerar flera mediciner. Sanningen är att behandlingsalternativen för RLS är begränsade.

Hur fungerar pramipexol?

Trots att dopaminnivåerna oftast är normala hos RLS-patienter används dopaminerga läkemedel effektivt för att lindra symtomen. Studier tyder på att RLS kan vara kopplat till en dysreglering i dopaminfunktion snarare än en brist. Detta innebär att dopaminrelaterade signaler kanske inte fungerar som de ska, särskilt på natten när symtomen ofta förvärras.

99

Pramipexol minskar de obehagliga känslorna i benen och den starka viljan att röra på dem, särskilt på kvällen och natten.

Justering av dopaminsignaleringen

Pramipexol fungerar genom att aktivera dopaminreceptorer, vilket hjälper till att korrigera störningarna i dopaminsystemet som tros ligga bakom RLS-symtomen. Genom att justera signaleringen i hjärnan kan läkemedlet lindra symtomen och förbättra livskvaliteten.

Mediciner och biverkningar: Vad går fel?

Om det börjar så bra, vad är det då som går fel i behandlingen med dopaminagonister?

Det finns flera faktorer som kan orsaka problem med behandling av dopaminagonister. Här är några:

Överstimulering av dopaminsystemet

När dopaminaktiviteten blir för hög uppstår en obalans som kan leda till överaktivering av dopaminreceptorerna.

Augmentation

Vid långvarig behandling med dopaminerga läkemedel för RLS kan symtomen paradoxalt nog förvärras, ett fenomen som kallas augmentation. Detta tros bero på att överstimulering förändrar receptorernas känslighet och dopaminsignaleringen, vilket över tid leder till förvärrade symtom.

Högre doser

Toleransutveckling kan göra att högre doser krävs för att uppnå samma effekt. Ju större doser, desto högre blir risken för både biverkningar och att utveckla augmentation

Dopaminreceptorer

Långvarig användning kan förändra dopaminreceptorerna och göra dem mindre mottagliga för dopamin. Detta kan få kroppen att överkompensera, vilket i sin tur kan orsaka fler biverkningar.

Överdosering

Felaktig dosering är också en risk. Eftersom RLS är en komplex sjukdom är det svårt att hitta rätt balans. Alla reagerar olika, vilket gör det utmanande att undvika överbehandling.

När sömnen äntligen kommer tillbaka

I början upplevde jag inga allvarliga biverkningar, förutom en intensiv huvudvärk som gick över efter 2–3 dagar. Min startdos var "1 tablett Sifrol till kvällen för restless legs." Inledningsvis fungerade behandlingen som det var tänkt.

Biverkningar: När medicinen blir din fiende

Men med tiden smög sig biverkningarna på och blev så allvarliga att det kändes som en daglig kamp att orka med. Det är därför jag ifrågasätter användningen av pramipexol vid RLS.

Dosering och konsekvenser

Startdosen för pramipexol är vanligtvis ½ till 1 tablett (0,18 mg). Om symtomen förvärras kan dosen behöva ökas. Efter cirka tre år nådde jag maxdosen, som är tre tabletter à 0,18 mg per dag, och därefter har jag hållit samma dos i tio år. Att öka dosen medför risker, eftersom högre doser kan förvärra symtomen på sikt. Diskutera alltid med din läkare om andra alternativ som kan ge lindring utan att öka risken för augmentation. I många fall kan en kombination av två eller tre olika läkemedel ge effektiv symtomlindring och samtidigt minska risken för denna biverkan.

102

När jag ökade min dos, gjorde jag det med en halv tablett i taget. Med den kunskap jag har idag om dopaminerga preparat hade jag inte valt att gå upp till maxdos.

För mycket dopamin – en del av problemet

Tidigare trodde man att RLS orsakades av dopaminbrist, men forskning sedan 2016 antyder att höga dopaminnivåer i stället kan vara en del av problemet. Min dagliga dos pramipexol, som en gång betraktades som låg, anses nu vara en maxdos. Vissa menar till och med att den kan vara för hög. Detta beror på att man tidigare jämförde doseringen för RLS med de betydligt högre doser som ges till Parkinsonpatienter.

Men kom ihåg, ingen vet säkert.

Behandlingsparadoxen: Förstå och hantera augmentation

Tecken på augmentation kan vara att symtomen förvärras eller uppträder tidigare på dagen. Du kan även uppleva krypningar i andra delar av kroppen, som händer eller armar. Ett sätt att hantera detta är att dela upp dosen. Om du till exempel tar två tabletter kan du prova att ta den första vid 16:30 och den andra vid 19:30. Det är viktigt att prova sig fram för att hitta det som fungerar bäst för dig. En nackdel med att dela upp dosen är att jag har märkt att medicinens effekt kan bli något svagare – men kanske är det just det som är hela poängen?

Problem relaterade till augmentation bör alltid diskuteras med en specialist. Att sänka dosen kan vara en del av lösningen, men det är viktigt att inte sluta abrupt med medicinen, särskilt om den har använts under en längre tid. Utsättningssymtom är vanliga och anges bland medicinens biverkningar. Om du känner krypningar i armarna kan stretching lindra symtomen. Mer om detta finns i avsnittet om stretching och nervmobilisering.

När medicinen inte verkar omedelbart: Vad kan det bero på?

Ibland tar det längre tid för medicinen att verka än vad som är vanligt, trots att den normalt sett absorberas inom två timmar. Det kan vara frustrerande när det inte fungerar som förväntat.

Det händer vissa dagar, och jag har inte alltid en tydlig förklaring. Vad du åt tidigare på kvällen kan påverka – kanske åt du senare eller mer än vanligt, eller så tog du medicinen vid en annan tidpunkt än vanligt. Ibland kan kroppens processer vara långsammare utan tydlig anledning.

Om detta inträffar, oroa dig inte. Om medicinen har fungerat tidigare, kommer den sannolikt att fungera igen nästa dag.

Jag frågade en gång en professor och överläkare som behandlade min diabetes om möjliga orsaker till att medicinen ibland verkar olika. Det här är svaret jag fick:

Fluktuationer i symtom: Symtomen vid RLS kan variera i intensitet, vilket kan påverka hur effektiv medicinen upplevs.

Dosering och tidpunkt: Små skillnader i tidpunkt eller dosering kan påverka effekten av pramipexol.

Interaktion med andra substanser: Vissa livsmedel eller drycker, som koffein eller alkohol, kan påverka hur medicinen absorberas.

Toleransutveckling: Kroppen kan utveckla en viss tolerans mot pramipexol över tid, vilket gör att medicinen känns mindre effektiv vissa dagar.

Psykologiska faktorer: Stress, ångest eller trötthet kan påverka hur medicinens effekt upplevs.

Biologiska variationer: Kroppens processer, som hormoncykler eller vätskenivåer, kan variera och därmed påverka medicinens verkan.

Om detta händer ofta, bör du prata med din läkare om möjliga justeringar i doseringen eller andra lösningar.

Sammanfattning

För oss med RLS/WED är det vanligt att vissa dagar är sämre än andra. Det är lätt att tänka "Har jag blivit sämre?" Min erfarenhet är att jobbiga nätter ofta följs av bättre nätter, där allt återgår till det normala och medicinen fungerar som vanligt.

"Kroppen larmar – lyssnar du?"

När primärvården inte räcker till: Dags för en remiss till en neurolog

Om din medicin inte längre ger tillräcklig lindring eller om biverkningarna blir för stora, kan det vara dags att remitteras till en specialist på en neurologisk klinik.

För att få en remiss till en neurologmottagning, exempelvis i Sverige, behöver du först genomgå en noggrann utredning inom primärvården. Reglerna kan variera mellan länder, därför är det klokt att be din läkare om vägledning i processen.

En viktig anledning till att remitteras är att endast fyra läkemedel är officiellt godkända för behandling av RLS. År 2006 godkändes tre dopaminagonister, och 2015 en opioid, Oxykodon/Naloxon. Du kan behöva en kombination av olika läkemedel, varav vissa kanske inte är specifikt godkända för RLS-behandling.

Off-label: När läkemedel används utanför ramarna

När dopaminagonister inte längre ger tillräckligt bra resultat, byter man ibland till andra läkemedel eller kombinerar olika. Vissa av dessa läkemedel är inte specifikt godkända för RLS, men har visat sig vara effektiva. Detta kallas "off-label"-förskrivning, en vedertagen praxis, men det är viktigt att läkaren har erfarenhet av läkemedlet.

Min resa med pramipexol: Biverkningar och insikter

Min relation till dopaminerga preparat, särskilt Sifrol, kan beskrivas som en blandning av lättnad och frustration. I början gav medicinen en enorm lättnad – jag kunde äntligen sova efter långvariga sömnproblem. Det första året med Sifrol var helt okej; jag sov bra och hade inga biverkningar. Även om symtomlindringen inte var 100 %, så fungerade sömnen och därmed också livet i stort.

Men under det andra året började effekten avta. Jag löste det genom att gradvis öka dosen, en halv tablett åt gången. När jag behövde förnya receptet, räckte det med att mejla läkaren och ange vilken dos jag behövde – processen var enkel.

Maxdos efter tre år

Efter tre år nådde jag maxdosen, tre tabletter à 0,18 mg varje kväll. Vid den tidpunkten hade mina symtom förvärrats markant. Det som började som en lindrig form av sjukdomen hade utvecklats till allvarliga besvär. Ingen berättade för mig att medicinen kunde vara orsaken till försämringen, eller till och med den huvudsakliga orsaken.

109

Biverkningarna smyger sig på. Till en början hanterade man dem genom att öka dosen, men i själva verket kan medicinen göra dig sjukare, vilket leder till ännu högre doser.

När problemen började: Obehag i armarna

Det första tecknet på problem var en diffus obehagskänsla i armarna. Det var inte krypningar, utan mer ett vagt obehag. Symtomen kom sporadiskt, först i en arm åt gången och med långa uppehåll. Med tiden blev dessa episoder dock alltmer frekventa och en del av min sjukdomsbild.

Jag började dessutom få skov med kraftiga muskelsammandragningar i vaderna. Dessa sammandragningar kom med ungefär 30 sekunders mellanrum och de kunde pågå i flera timmar.

Skräckfilm i verkligheten: Klösmärken på kroppen

Min fru började upptäcka konstiga klösmärken på min rygg, armar och ben. Vi förstod inte vad de berodde på, men den mest rimliga förklaringen var att jag omedvetet kliade mig själv i sömnen.

Utöver det upplevde jag svullna anklar, förstoppning och återkommande klåda – på ryggen, i hårbotten och till och med inuti öronen. Ibland kändes det som att klådan kom från insidan av huvudet.

Krypningarna hade dessutom spridit sig till min vänstra axel och var närvarande även under dagen, där de upplevdes som en kolsyreliknande känsla som bubblade i axeln.

Nervsystemets motreaktion: Ofrivilliga ryckningar och stötar

Jag började även få ofrivilliga ryckningar i armarna och kände elektriska stötar i både armar och händer.

Beteendeförändringar och försämrad impulskontroll

Sömnen blev sämre, med många nattliga uppvaknanden, och jag märkte att mitt beteende förändrades negativt. Efter flera år på maxdosen av pramipexol insåg jag att jag fastnat i ett dopaminberoende.

När jag läste en studie om dopaminerg augmentation förstod jag att mina problem kom från överdosering av ett dopaminergt läkemedel.

Var försiktig: Lärdomar från mitt fall

Mitt fall är ett tydligt exempel på augmentation vid behandling med dopaminerga preparat. Om du börjar med denna medicin, se till att hålla dig på en låg dos. Om symtomen inte lindras tillräckligt, rådgör med en specialist om alternativa behandlingar i stället för att höja dosen.

112

Pramipexol och RLS: När "Less is More" Inte Stämmer

En analys av doseringsstrategier och dopaminets roll i RLS

RLS tros vara kopplat till en dysfunktion i dopaminsystemet, och en av de vanligaste behandlingarna är pramipexol (Sifrol), en dopaminagonist som ofta används även vid Parkinsons sjukdom.

Många läkare har antagit att en låg dos av läkemedlet är det mest effektiva sättet att behandla RLS, enligt principen "less is more". Denna strategi bygger på observationen att för höga doser kan öka risken för augmentation – ett fenomen där RLS-symtomen förvärras över tid. Men detta antagande stämmer inte alltid. Vissa patienter svarar inte på låga doser, och det finns indikationer på att en underliggande dopaminbrist eller annan neurologisk obalans kan kräva högre doser för att ge lindring.

Varför vissa patienter kanske behöver mer i stället för mindre

Här kommer några idéer om varför vissa patienter behöver större mängder pramipexol för att lindra sina symtom, samt den möjliga kopplingen mellan RLS och tidiga tecken på Parkinsons sjukdom, som diskuteras i en artikel i Neurology Frontier. (Se länk i referenser)

Pramipexol och dopaminobalans vid RLS

1. "Less is More" – En strategi som inte passar alla patienter

Pramipexol verkar genom att stimulera dopamin D2- och D3-receptorer, vilket imiterar effekten av kroppens egen dopaminproduktion. De flesta behandlingsriktlinjer rekommenderar lägsta möjliga effektiva dos, ofta mellan 0,125 mg och 0,5 mg per dag. Detta beror på att högre doser är associerade med:

Augmentation – där symtomen kommer tidigare på dagen och blir svårare att kontrollera.

Biverkningar – såsom hallucinationer, impulsivt beteende och sömnstörningar.

114

Men denna strategi fungerar inte för alla patienter. För vissa verkar lägre doser vara otillräckliga för att påverka RLS-symtomen, vilket tyder på en mer djupgående obalans i dopaminsystemet.

2. Behövs högre doser hos vissa patienter?

Det finns patienter med RLS som inte svarar på standarddoser av pramipexol och som i stället behöver högre doser för att uppleva lindring. Detta kan bero på:

En underliggande dopaminbrist – där hjärnan inte producerar tillräckligt med dopamin, vilket gör att en liten mängd pramipexol inte räcker för att uppnå effekt.

Dopaminreceptorkänslighet – vissa patienter kan ha nedsatt känslighet i dopaminreceptorerna, vilket gör att de behöver en högre stimulering.

Neurokemiska skillnader – andra signalsubstanser som glutamat och serotonin kan också spela en roll i RLS, vilket kan påverka hur effektiv pramipexol är i olika individer.

Mer forskning behövs

En viktig fråga är hur man avgör vilka patienter som har en faktisk dopaminbrist och vilka som riskerar augmentation vid högre doser. Här behövs mer forskning för att förstå den individuella variationen i behandlingssvar.

RLS och kopplingen till Parkinsons sjukdom

Enligt en artikel i Neurology Frontier finns det vissa läkare som misstänker att RLS kan vara ett tidigt tecken på Parkinsons sjukdom. Parkinsons är en neurodegenerativ sjukdom där dopaminproducerande nervceller i substantia nigra bryts ner över tid. Eftersom dopamin är centralt i både RLS och Parkinsons, är det inte orimligt att tro att vissa patienter med RLS faktiskt har en underliggande neurodegenerativ process.

Är RLS ett tidigt tecken på Parkinsons?

Tecken på att RLS kan vara en tidig indikator på Parkinsons

Forskning har identifierat vissa faktorer som kan tyda på en koppling mellan RLS och en ökad risk för Parkinsons:

RLS-patienter har i vissa fall en minskad dopaminproduktion, vilket kan vara ett tidigt varningstecken.

Studier har visat att vissa personer med RLS utvecklar Parkinsons senare i livet.

Långvarig användning av dopaminagonister vid RLS kan maskera de tidiga symtomen på Parkinsons.

116

Det betyder dock inte att alla med RLS kommer att utveckla Parkinsons, men mer forskning behövs inom området.

Slutsats: Behöver vi omvärdera hur vi doserar pramipexol vid RLS?

Den gängse uppfattningen att "less is more" fungerar för alla patienter med RLS stämmer inte alltid. För vissa kan en lägre dos av läkemedlet vara otillräcklig på grund av en underliggande dopaminbrist eller förändringar i dopaminreceptorer. Dessa patienter kan behöva högre doser för att uppnå en märkbar förbättring, även om det ökar risken för biverkningar.

Samtidigt finns det indikationer på att RLS i vissa fall kan vara ett tidigt tecken på Parkinsons sjukdom, vilket gör det extra viktigt att identifiera vilka patienter som har en djupare dopaminobalans och vilka som har en mer ytlig dysfunktion.

För att förbättra behandlingen av RLS krävs:

Mer individanpassade doseringsstrategier för pramipexol.

Bättre biomarkörer för att identifiera patienter med underliggande dopaminbrist.

Långtidsstudier som kan klargöra kopplingen mellan RLS och Parkinsons.

RLS är ett komplext tillstånd där en one-size-fits-all-strategi inte alltid fungerar. Därför behöver läkare vara mer flexibla i sin syn på dosering och se till att behandlingen anpassas efter varje patients unika neurokemiska profil.

Referenser:

Neurology Frontier: Restless Legs Syndrome and Parkinson's Disease: A Hidden Connection?

www.frontiersin.org/journals/neurology/articles/10.3389/fneur.2018.0055 1/full

När "Less is More" inte hjälper – Del två

Läkare och forskare har ännu inte lyckats fastställa den exakta orsaken till Restless Legs Syndrom (RLS). Det finns inte heller någon specifik medicin framtagen enbart för sjukdomen. I brist på en dedikerad behandling är det upp till erfarna neurologer att prova sig fram, anpassa doser och kombinera läkemedel för att hitta en lösning som fungerar för varje enskild patient.

En relativt ny strategi inom RLS-behandling, som vissa framstående experter har lyft fram de senaste åren, är att följa principen less is more. Det innebär att använda minsta möjliga dos för att minska risken för biverkningar, särskilt augmentation – en behandlingsorsakad förvärring av symtomen som kan ge intrycket av att RLS blir värre. Men vad händer om den strategin inte fungerar?

En patient berättar

Jag talade nyligen med en patient som har svår RLS. Efter en längre tids behandling misstänkte specialistläkaren augmentation och rekommenderade en tio dagars washout – ett totalt uppehåll från läkemedel för att rensa systemet och bedöma situationen på nytt.

Hoppade nästan ut genom fönstret

Men redan på dag två blev patientens symtom så outhärdliga att han var beredd att hoppa ut genom fönstret. Han beskrev det så här för mig: "Jag hade så gärna hoppat ut genom fönstret, men jag tordes inte."

Att avbryta medicineringen var inte ett alternativ. Han gick därför tillbaka till sin maxdos av pramipexol för att överhuvudtaget klara av vardagen.

I samråd med sin läkare testades sedan olika behandlingsvägar, och den kombination som visade sig fungera bäst var:

Pramipexol depottablett 0,26 mg – 1 tablett mitt på dagen

Pramipexol 0,18 mg – 1–2 tabletter till kvällen

Gabapentin 300 mg – en tablett mitt på dagen, 1–2 tabletter till kvällen

Vid en riktig dålig dag tog patienten ytterligare en tablett Pramipexol 0,18 mg

Den här patienten har medicinerats med pramipexol i 15 år och han har nu instruktioner från sin läkare att anpassa doseringen efter hur han mår. Han mår nu bättre än på länge.

Individuell anpassning är nyckeln

Denna patient är ett exempel på när principen less is more inte räcker. I vissa fall krävs en mer strategisk dosering och en kombination av läkemedel för att hantera sjukdomen. Gabapentin, som påverkar nervsignaler på ett annat sätt än dopaminagonister som pramipexol, visade sig vara en viktig pusselbit i den här behandlingen.

Det understryker vikten av att arbeta tillsammans med en kunnig läkare som har erfarenhet av dessa läkemedel. Att försöka sluta tvärt eller sänka dosen för mycket kan få katastrofala följder, särskilt för patienter med svår RLS.

Sammanfattning

Det finns ingen universell lösning för RLS. För vissa fungerar en låg dos av en enda medicin, medan andra behöver en noggrant balanserad kombination av läkemedel. Att stirra sig blind på principen less is more kan ibland göra mer skada än nytta.

Den rätta strategin är alltid den som ger patienten bäst livskvalitet.

Slutsats

Pramipexol hjälper tveklöst patienter som lider av RLS. I många fall ger läkemedlet ökad livskvalité med god symtomlindring. Behandlingen är inte riskfri och man måste vara uppmärksam på eventuella biverkningar. Vid problem är det viktigt att så fort som möjligt söka hjälp hos specialistläkare.

Sov smart: Vakna redo att erövra dagen

Att vakna pigg och utvilad efter en hel natts sömn är en fantastisk känsla, men för många med RLS är det sällan en verklighet. Kampen med att somna, vakna flera gånger under natten och sedan ha svårt att somna om är ett vanligt problem. Därför är det viktigt att prioritera sömnen för att kunna upprätthålla balans och fungera bra i vardagen.

Sov gott: Enkla tips för bättre sömnkvalitet

Man kan beskriva god sömnhygien som en uppsättning vanor och rutiner som förbättrar sömnkvaliteten och främjar djupare sömn. Här är några viktiga punkter att tänka på:

Regelbundna sömntider: Gå och lägg dig och vakna vid samma tid varje dag, även på helger. Det hjälper till att reglera din inre klocka.

Avslappningsrutiner: Skapa en lugn rutin före sänggående, till exempel att läsa en bok, ta ett varmt bad eller göra avslappningsövningar.

Sömnvänlig miljö: Håll sovrummet svalt, mörkt och tyst. Använd bekväma sängkläder och bekväm madrass.

Minska skärmtiden: Undvik skärmar minst en timme innan du går och lägger dig, då blått ljus från skärmar kan störa melatoninproduktionen, vilket är viktigt för sömnen.

Undvik stimulantia: Koffein, nikotin och alkohol nära läggdags kan störa sömnen, så det är bäst att undvika dem.

Regelbunden motion: Träning kan förbättra sömnkvaliteten, men undvik intensiv träning nära sänggåendet eftersom det kan göra dig för uppvarvad för att somna.

Lätta måltider på kvällen: Undvik stora måltider och mycket vätska sent på kvällen för att förhindra att din sömn avbryts.

Stresshantering: Tekniker som mindfulness och meditation kan hjälpa till att minska stress, vilket i sin tur kan förbättra din sömn.

Dagsljusexponering: Få tillräckligt med dagsljus, särskilt på morgonen, för att stödja kroppens naturliga dygnsrytm.

Genom att följa dessa riktlinjer kan du skapa bättre förutsättningar för en god natts sömn och vakna redo att möta dagen.

Sömn i världsklass: Bygg din perfekta rutin

Regelbundna sömntider har varit avgörande för mig. Jag tar alltid min medicin och går till sängs vid samma tid varje kväll, vilket hjälper min

124

kropp att hålla en stabil sömnrytm. Ett svalt, bekvämt och välordnat sovrum har även gjort stor skillnad för min sömnkvalitet. Skärmtiden har jag dock inte minskat, och det har inte påverkat min förmåga att somna.

Kvällsträning – inte alltid bra för sömnen

Undvik intensiv träning sent på kvällen. En lätt promenad på 20 minuter med min hund hjälper mig att varva ner. Jag kompletterar även med magnesiummalat eller magnesiumbisglycinat för en avslappnande effekt.

Magnesium: Naturens valium

Magnesium är känt för sina lugnande egenskaper, men det är viktigt att välja rätt typ. I nästa avsnitt kommer jag att gå igenom vilka typer av magnesium som fungerar bäst för att främja sömnen.

Sömnen: Nyckeln till balans och hälsa

Att investera i din sömn är att investera i din hälsa. Genom att följa dessa enkla riktlinjer kan du förbättra din livskvalitet och minska risken för hälsoproblem. För mer detaljerad information om sömn rekommenderar jag att du besöker Sleep Foundation eller Mayo Clinic på nätet.

Längre fram i boken listar jag naturmedel och biohacks som kan hjälpa dig som lider av RLS att sova bättre.

Dopaminets dolda roll i Restless legs: Vad vi vet och inte vet

Dopamin har länge stått i centrum för forskningen kring Restless legs syndrom (RLS). Till skillnad från Parkinsons sjukdom, som kännetecknas av dopaminbrist, misstänker forskare att RLS beror på en obalans i dopaminsystemet. Även om forskare vet att något är fel i de dopaminerga banorna i det centrala nervsystemet, är det fortfarande oklart exakt vad som orsakar problemet.

Dopamin – en nyckel till lösningen

Trots vår ofullständiga förståelse av RLS är det tydligt att dopaminerga läkemedel ger lindring, vilket pekar på dopaminets centrala roll i sjukdomen. Dr. Eric Berg, en amerikansk kiropraktor, förklarar kopplingen: "På natten är dopaminnivåerna som lägst. Att röra benen ökar dopaminfrisättningen."

Många patienter upplever dessutom lindring av att kyla benen, vilket kan stimulera dopaminfrisättning. Denna koppling mellan kyla och dopamin är en möjlig förklaring till varför denna metod hjälper vissa.

Dopamin: Centralt i belöningssystemet och RLS

Nervsystemet är ett intrikat nätverk som kommunicerar med hjälp av elektriska impulser, där dopamin fungerar som en viktig signalsubstans.

Dopamin är mest känt för sin roll i kroppens belöningssystem, där det skapar en känsla av välbehag när vi utför aktiviteter som är positiva för oss.

Dopaminets dubbelspel: Balansen mellan välmående och sjukdom

Dopamin påverkar många viktiga funktioner som inlärning, motorik, motivation, minne och impulskontroll. En brist eller ett överskott av dopamin kan leda till olika hälsoproblem. Medan dopaminbrist kan orsaka tillstånd som Parkinsons sjukdom och depression, kan ett överskott av dopamin kopplas till psykoser och schizofreni. För optimal hälsa krävs en noggrant balanserad dopaminproduktion, frisättning och korrekt funktion hos dopaminreceptorerna.

Dopamin och endorfiner: Kroppens eget välmående team

Dopamin och endorfiner spelar en central roll i kroppens välbefinnandesystem. Dopamin ger oss en känsla av belöning, medan serotonin ger känslor av lugn och tillfredsställelse. Noradrenalin hjälper

128

oss att hålla oss alerta, och endorfiner, kroppens naturliga smärtstillare, främjar vårt välbefinnande genom att verka smärtlindrande. Tillsammans förklarar dessa ämnen varför vi känner oss så bra efter fysisk aktivitet, som en löprunda – där alla utom endorfiner är signalsubstanser.

Tips för att optimera dopamin och undvika beroendefällor:

För att hålla dopaminnivåerna i balans och undvika beroendeproblem är en hälsosam livsstil avgörande.

Här är några sätt att optimera dina dopaminnivåer:

• Träning, sömn och balanserad kost hjälper till att naturligt öka dopaminproduktionen.

• Solljus stimulerar dopaminproduktionen, och ökar energi och motivation.

• Periodisk fasta kan öka känsligheten hos våra dopaminreceptorer, vilket förbättrar vår respons på naturliga belöningar.

Dopamindrivna kickar: Från belöning till beroende

Dopamin kan ge starka belöningskänslor som lätt leder till beroendebeteenden. Aktiviteter som droger, sex, kaffe, socker, sociala medier och spel utlöser dopaminkickar. För många sådana kickar kan dock leda till dopaminresistens, där hjärnan blir mindre känslig för dopamin, vilket gör att vi har svårare att uppskatta vanliga aktiviteter.

Kosttillskott som stöder dopaminnivåer

Flera näringsämnen och kosttillskott kan stödja en sund dopaminproduktion:

- Omega-3: Viktigt för hjärnans hälsa och nervcellernas funktion.

- D-vitamin: Påverkar dopaminnivåerna och mental hälsa.

- C-vitamin: En antioxidant som skyddar dopaminreceptorer.

- B-vitaminer (B6, B9): Viktiga för dopaminproduktionen.

- Magnesium: Bidrar till optimal nervfunktion och dopaminreglering.

- Tyrosin: En aminosyra som är en byggsten i dopaminproduktionen.

Dopamin och Restless legs syndrom (RLS)

För RLS-patienter är dopamin avgörande för att lindra symtomen. Att förstå och balansera dopaminnivåerna är lika viktigt som medicinsk behandling. Genom att kombinera rätt medicinering med livsstilsjusteringar och en ökad förståelse för dopaminets roll kan symtomen hanteras och livskvaliteten förbättras för personer med RLS.

Lyckohormoner –Tips hur du hackar du dem

Dopamin – Belöningskemikalien

Prova något nytt

Lyssna på hög musik

Tillbringa tid med vänner

Gör en liten att-göra-lista och bocka av den

Serotonin – Humörstabilisatorn

Få lite solljus

Träna

Meditera

Djupandning

En hälsosam kost

Oxytocin – Kärlekshormonet

Ge eller få en massage

Visa tillgivenhet

Kramar och mys

Gör något snällt för någon

Endorfiner – Smärtlindraren

Regelbunden träning och motion

Yoga och meditation

Skapa musik eller konst

Skratt

Att komplettera dessa aktiviteter med mat som är rik på protein, vitamin B12, omega 3, magnesium, vitamin C och zink kommer att öka dina nivåer av lyckohormoner. Välbefinnande kommer från att ha en frisk kropp och ett friskt sinne.

"Myrkrypningar är inte en förbannelse – de är ett meddelande."

Del två

RLS/WED: En ny hypotes som utmanar det vi vet

En ny hypotes har formulerats som försöker förklara orsaken, eller delar av orsaken, till vad som kallas restless legs-syndrom (RLS).

Den korta versionen:

Vissa genetiska variationer leder till trög, nedsatt eller obefintlig metylering. Detta minskar kroppens förmåga att omvandla vissa vitaminer och näringsämnen till aktiv form. Den näringsbrist som uppstår kan över tid orsaka ett spektrum av neurologiska symtom, där RLS är ett av dessa symtom. Trög metylering leder också till förhöjda nivåer av glutamat i hjärnan, en obalans som är kopplad till RLS.

Den långa versionen:

Forskningen är enig om att det finns en ärftlig komponent bakom den primära formen av RLS som bidrar till dess uppkomst.

Trots omfattande forskning har man inte lyckats identifiera exakt vilka gener som ligger bakom symtomen.

En ärftlig komponent bakom RLS

Denna hypotes föreslår att det inte är själva RLS som ärvs, utan en predisposition i form av genetiska variationer, där mutationer i MTHFR-genen spelar en central roll. MTHFR-mutationer försämrar kroppens förmåga att omvandla viktiga vitaminer och mineraler – såsom B2, B6, B9, B12, selen, zink och magnesium – till deras aktiva former, vilket i sin tur påverkar kritiska biologiska processer, inklusive nervfunktion och metyleringscykeln.

Genvariationer som förstärker RLS-risken

Dessa mutationer kan förstärkas av andra genetiska faktorer, såsom variationer i BTBD9, MEIS1, MAP2K5/LBXCOR1, och PTPRD, som är kopplade till neurologiska funktioner och RLS. Variationer i VDR-genen, som påverkar metabolismen av vitamin D3, kan också bidra till symtomen.

136

Metyleringscykeln: En kritisk faktor vid RLS

Brist på aktiverade vitaminer och mineraler, orsakad av dessa genetiska variationer, kan leda till en rad neurologiska symtom, där RLS är en av de tydligaste manifestationerna. Denna hypotes förklarar även många av de så kallade miljöpåverkningarna genom de underliggande effekterna av MTHFR-mutationer och andra genetiska variationer, snarare än externa faktorer. Kombinationen av dessa genetiska variationer ökar inte bara risken för att utveckla RLS utan kan också förvärra symtomen.

Obalans i GABA- och glutamat

Trög eller nedsatt metylering leder också till förhöjda homocysteinnivåer, vilket minskar GABA-nivåerna och ökar glutamatnivåerna i hjärnan. Denna obalans kan orsaka överaktivitet i nervsystemet, och öka känsligheten för obehag i benen och störa dopaminsystemet, vilket kan bidra till RLS-symtom.

Dubbel MTHFR-mutation och RLS (10–15 %)

Om du har otur vid befruktningsögonblicket kan du ärva en mutation från båda föräldrarna och därmed få en dubbel mutation.

Mer än 60 % av befolkningen har en variant av MTHFR–genen som kan påverka metyleringscykeln. (I västvärlden)

Cirka 10–15 % har en dubbel mutation.

Cirka 10–15 % av befolkningen lider av RLS/WED.

Vem blir först att undersöka detta samband vetenskapligt?

Trög metylering som orsak

Vissa genetiska variationer leder till en nedsatt metyleringscykel. I de flesta fall blir processen trög, men i vissa fall kan den vara kraftigt nedsatt eller till och med obefintlig.

Den nya förklaringen till Restless legs-syndrom

Hur allvarlig påverkan är beror på om personen har en enkel (heterozygot) eller dubbel mutation (homozygot) samt vilken typ av mutation det rör sig om. Detta kan leda till allt från trög till kraftigt nedsatt eller obefintlig metylering.

Hypotesen föreslår att näringsbrist, orsakad av nedsatt metylering, bidrar till RLS-symtom snarare än att vara en neurologisk sjukdom i sig.

Bristen på viktiga näringsämnen orsakar neurologiska problem, som över tid utvecklas till RLS.

Behandling genom näringstillskott – vitaminer i aktiv form

Genom tillskott av vitaminer och mineraler i aktiv form kan symtomen lindras snabbt. Detta kan innebära ett paradigmskifte i hur RLS behandlas, med fokus på näringsbrist snarare än på hjärnans signalsubstanser.

Metylering definition: Förstå processen bakom kroppens funktioner

Metylering har en stark koppling till neurologiska symtom eftersom den påverkar produktionen och regleringen av neurotransmittorer som serotonin, dopamin och GABA, vilka är viktiga för humör, sömn och nervsystemets funktion. En störd metylering, ofta på grund av genetiska variationer som MTHFR-mutationer kan leda till brist på viktiga B-vitaminer som B6, B9 och B12, samt mineraler som magnesium, zink och selen.

Nedsatt metylering kan även indirekt leda till sämre järnmetabolism, vilket kan orsaka sämre syretransport och störningar i dopaminproduktionen.

Sammantaget kan nedsatt metylering bidra till neurologiska och psykiska problem som depression, ångest, restless legs-syndrom och neuropati.

En förenklad bild av en komplex verklighet

MTHFR-genen har fått mycket uppmärksamhet i media och ofta lyfts fram av biohackare och hälsorådgivare. Detta beror på forskning som har kopplat genen till en rad kroniska sjukdomar. Hur MTHFR-variationer påverkar din hälsa beror dock på en kombination av genotyper, andra genetiska varianter och miljöfaktorer.

Flera andra gener och externa faktorer kan också påverka metyleringen och därmed den övergripande hälsan. Ett DNA-metyleringstest ger detaljerad information om hur din metylering fungerar, eftersom dessa tester vanligtvis analyserar ett tjugotal gener som på olika sätt bidrar till processen. Detta och relaterade ämnen kommer att tas upp i kommande avsnitt.

DNA-test för diagnos

Denna nedsatta förmåga att omvandla näringsämnen till aktiva former kan upptäckas genom ett DNA-test av bland annat MTHFR-genen, vilket skulle kunna ge en tydligare diagnos och vägledning för behandling av RLS.

Restless legs är ett tillstånd, ofta med smärtsyndrom som har genetiska orsaker. Symtomen kan lindras eller till och med försvinna med rätt kosttillskott och livsstilsförändringar.

"Restless Legs är ett symtom – inte en identitet"

Restless legs och dess orsaker

Metyleringens roll, MTHFR-genen och RLS/WED

Ett centralt tema i den här boken är metylering och hur det påverkar vår hälsa. Metyleringscykeln är central i den nya hypotesen om orsakerna till Restless legs. Trots att det är en biokemisk process som sker över en miljard gånger per sekund i våra celler så är det en process som de flesta inte känner till.

Det är sannolikt den vanligaste processen du aldrig har hört talas om.

Biohackern Gary Brecka och MTHFR – En genetisk revolution

Många viktiga pusselbitar om orsakerna till RLS/WED föll på plats tack vare den amerikanske biohackaren Gary Brecka.

Gary Brecka har lyft fram betydelsen av metylering och dess effekter genom sitt drivande arbete med att öka medvetenheten om hur genvariationer, särskilt i MTHFR-genen, kan påverka kroppens biokemiska processer. Även om Gary Brecka inte har publicerat traditionell akademisk forskning, har han och hans företag, 10X Health,

143

utvecklat tester som analyserar specifika genmutationer, inklusive MTHFR.

Dessa tester hjälper människor att förstå hur genvariationer påverkar processer som metylering. Företaget har testat över en miljon människor och därmed bidragit till att ämnet blivit mer allmänt känt, både i offentligheten och inom hälsoindustrin.

Gary Brecka lyfte fram MTHFR - genen i rampljuset

Biohackaren Gary Breckas arbete pekar på att många vanliga sjukdomar, både psykiska och fysiska, kan ha sitt ursprung i förbisedda genetiska faktorer. Genmutationer, som innebär förändringar i DNA-sekvensen, kan påverka kroppens normala funktioner. Medan vissa mutationer är ofarliga, kan andra störa viktiga processer och leda till olika hälsoproblem, inklusive näringsbrister som i hög grad påverkar vår hälsa.

Svaren finns i vårt DNA

Breckas arbete om MTHFR-mutationer lyfter särskilt fram deras koppling till problem som förhöjda homocysteinnivåer, ångest och nedsatt metyleringseffektivitet. Dessa problem kan i sin tur kopplas till en rad olika hälsobesvär, inklusive autoimmuna sjukdomar och neurologiska symtom.

Hans tillvägagångssätt betonar personliga hälsostrategier baserade på genetiska variationer och erbjuder skräddarsydda rekommendationer för kost, tillskott och livsstilsförändringar för bättre hälsa.

Vad innebär metylering?

Rent konkret innebär metylering att en metylgrupp (en kemisk grupp bestående av en kolatom och tre väteatomer, $-CH_3$) överförs till olika molekyler.

En av de viktigaste biokemiska processerna

Metylering är både en av de viktigaste och mest omfattande biokemiska processerna i kroppen. Den påverkar en rad kritiska funktioner som genuttryck, DNA-reparation, avgiftning samt produktionen av neurotransmittorer. Eftersom den sker så frekvent och är avgörande för cellers normala funktion, kan man säga att metylering är en av de mest centrala processerna för att upprätthålla kroppens hälsa och balans.

Genuttryck är processen där en gen aktiveras för att producera sitt specifika protein eller funktionella RNA, vilket styr cellens funktioner.

Metyleringen är en process i kroppen som hjälper till att reparera och avgifta celler. Om processen inte fungerar som den ska kan det leda till skador på vårt DNA, vilket i sin tur kan orsaka allt från rynkor i ansiktet till neurologiska symtom och cancer.

Metyleringens roll i kroppens funktioner

Lite förenklat är metyleringscykeln viktig för att:

• Reparera celler

• Bilda signalsubstanser

• Stärka immunsystemet

• Stödja avgiftning (Detox)

• Främja energimetabolism

• Reglera Homocysteinnivåer

När metyleringsprocessen fungerar optimalt förhindras åldrande, inflammation, övervikt och en rad sjukdomar. Helt klart påverkar metyleringscykeln vår hälsa och livslängd.

MTHFR – Namnet på både gen och enzym

Nu blir det lite krångligt men jag ska försöka förklara.

MTHFR är namnet på både ett enzym och en gen. MTHFR-genen är den genetiska koden som instruerar kroppen hur man tillverkar MTHFR-enzymet.

MTHFR-enzymet spelar i sin tur en viktig roll i metyleringsprocessen, där det hjälper till att omvandla folat (vitamin B9) till dess aktiva form (5-MTHF)

Folat i aktiv form är avgörande för två viktiga funktioner:

Bilda signalsubstanser i hjärnan.

Bildning av SAMe som regler över 200 enzymer i kroppen

MTHFR-mutationer eller varianter

Det är lätt att anta att något är ovanligt bara för att man inte hört talas om det, men problem med metylering är betydligt vanligare än man kanske tror. Många har en mutation av MTHFR genen som inte fungerar så bra. Forskare uppskattar att:

- 60 % av befolkningen kan ha problem med MTHFR-genen.

- 10-15 % av befolkningen har en dubbel genetisk mutation.

Jag har en dubbelmutation som försämrar min metylering. Det uppskattas att min genkombination minskar enzymaktiviteten i metyleringscykeln med 50 %.

Andra faktorer som kan störa kroppens metylering

Utöver genvarianter finns det andra faktorer som påverkar vår metylering negativt. Här är några:

• Alkohol stänger av vår metylering direkt och tömmer våra glutationdepåer.

• Kaffe

• Socker

• Processade livsmedel

• Inflammatoriska faktorer

• Kronisk stress

Det finns även många andra genvarianter som indirekt påverkar vår metyleringscykel. Ett DNA metyleringstest brukar omfatta en analys av 20–30 olika gener. I den här boken kommer jag fokusera på MTHFR-genen då den är central i metyleringsprocessen.

148

Följande avsnitt förklarar vilka negativa effekter som nedsatt metylering kan leda till och kopplingen till uppkomsten av neurologiska symtom som Restless legs (RLS).

Givetvis kommer följande delar av boken handla mest om hur du undviker de negativa effekterna av nedsatt metylering och hur du minskar risken för RLS.

Kort sagt: Hur du tar fram den bästa versionen av dig.

"RLS är inte ett mysterium. Det är en felkalibrering av kroppens nervsystem."

Genetiska faktorer och deras koppling till sjukdomstillstånd

MTHFR är en av de mest diskuterade generna bland hälsomedvetna och utövare inom funktionell medicin. Den har även fått stor uppmärksamhet inom nutrigenetik, där forskare undersöker hur våra gener påverkar kroppens näringsbalans.

Genen blev ett populärt diskussionsämne efter stora studier som kopplade dålig metylering till kroniska hälsoproblem.

MTHFR är en viktig gen för vår metylering, men den är inte ensam ansvarig och kanske inte heller alltid den mest betydelsefulla beroende på sammanhanget.

Förutom MTHFR finns flera andra gener som påverkar metyleringsprocessen som jag kommer till längre fram.

I den här boken begränsar jag mig till att beskriva hur variationer av MTHFR genen kan påverka vår hälsa.

Genvarianter behöver inte alltid vara skadliga

Variationer i MTHFR-genen leder inte per automatik till nedsatt metylering eller förhöjda homocysteinnivåer. Därför är det viktigt att kontrollera att folatnivåer och metyleringsmarkörer är i balans. Dessutom kan både andra genetiska faktorer och miljöpåverkan spela en betydande roll för metyleringen och den allmänna hälsan.

Vanliga varianter av MTHFR-genen

De vanligaste genvarianterna kopplade till metylering, som ofta nämns i DNA-tester, är varianterna C677T och A1298C i MTHFR-genen. Dessa är också kända som rs1801133 och rs1801131 i genetiska forskningsdatabaser.

MTHFR-variationer: Vanliga men påverkar hälsan olika

Cirka 60 % av befolkningen i västvärlden bär på en variant av MTHFR-genen, och 10–15 % har två varianter. Hur dessa variationer påverkar hälsan beror på om individen bär en eller två kopior av genvarianten, samt vilken typ av variation det rör sig om.

Genetiska variationer kallas ibland mutationer, men termen "variationer" är mer passande eftersom de inte alltid är skadliga

152

Din genetiska startpunkt: Befruktningen

Vi ärver två kopior av MTHFR-genen, en från varje förälder. Variationer kan påverka antingen en (heterozygot) eller båda (homozygot) av dessa gener. Huruvida du ärver en eller två varianter bestäms vid befruktningen, då du får dina föräldrars genetiska material.

De två vanligaste varianterna av MTHFR kallas C677T och A1298C, och benämns i DNA-tester och gendatabaser ofta som rs1801133 respektive rs1801131.

Här beskrivs några varianter:

Heterozygot mutation: En genförändring

En heterozygot mutation innebär att individen har en kopia av mutationen och en normal kopia av genen, exempelvis C677T eller A1298C. Effekterna för dessa individer är ofta mildare eftersom den friska genkopian delvis kan kompensera för den muterade.

Homozygot variant: Båda generna är påverkade

En homozygot mutation innebär att båda genkopiorna är muterade, exempelvis två kopior av C677T eller A1298C. För dessa individer kan effekterna vara betydligt mer uttalade, eftersom enzymaktiviteten som behövs för metylering kan minska kraftigt. Hos vissa kan enzymaktiviteten sjunka med så mycket som 70%, vilket kan leda till allvarliga hälsoproblem och en märkbart försämrad förmåga att metylera viktiga ämnen i kroppen.

Sammansatt Heterozygot och MTHFR: Dubbla utmaningar för metyleringen

En individ kan vara sammansatt heterozygot, vilket innebär att personen har en kopia av två olika mutationer, till exempel en C677T och en A1298C. Dessa individer kan uppleva minskad enzymaktivitet, men påverkan varierar beroende på hur mutationerna interagerar och deras specifika egenskaper.

Hur din livsstil påverkar dina gener: En introduktion till epigenetik

Visste du att ditt DNA förblir oförändrat från födseln till din sista dag? Det är det som gör oss unika, både på insidan och utsidan. Precis som ingen snöflinga är den andra lik, är ditt DNA också unikt. Men det finns en aspekt av ditt DNA som förändras genom livet, och det handlar inte om att ändra den genetiska koden. Tro det eller ej, ditt DNA "åldras" genom en process som kallas metylering.

Vad är epigenetik?

Epigenetik handlar om hur vår livsstil och omgivning påverkar våra gener, utan att själva DNA-sekvensen förändras. Denna process innebär att vissa gener kan aktiveras eller avaktiveras beroende på olika faktorer. Det är inte dina gener som ändras, utan hur de uttrycks. Faktorer som sömn, stress, kost, motion och till och med luftkvalitet kan påverka hur dina gener åldras och hur din kropp fungerar.

Epigenetiska förändringar kan vara både tillfälliga och bestående, och de kan påverka hur celler utvecklas och fungerar över tid. Detta fenomen, som knyter din biologiska ålder till din livsstil, är en central del av epigenetikforskningen.

Hur sker epigenetiska förändringar?

En av de vanligaste mekanismerna bakom epigenetiska förändringar är DNA-metylering, där små molekyler, kallade metylgrupper, fäster vid ditt DNA. Detta kan göra att vissa gener "stängs av" och inte uttrycks. En annan mekanism är histonmodifiering, där DNA är tätt packat runt proteiner, vilket gör det svårt för

vissa gener att aktiveras. Slutligen spelar icke-kodande RNA en roll genom att påverka när och hur gener uttrycks genom att interagera med DNA.

Vad påverkar epigenetik?

Din livsstil och omgivning påverkar epigenetiska förändringar. Exempelvis kan miljön, som exponering för toxiner och föroreningar, förändra hur dina gener uttrycks. Även kost har en stor inverkan. Näringsämnen du får från maten kan påverka epigenetiska markörer och styra hur kroppen reagerar på näring. Stress och livsstil spelar också en betydande roll. Kronisk stress eller dålig sömn kan leda till epigenetiska förändringar som påverkar både hälsa och välmående. Åldrande är en annan faktor. När vi åldras ackumuleras dessa förändringar och påverkar hur våra kroppar fungerar och utvecklar sjukdomar.

Varför är epigenetik viktigt?

Epigenetik hjälper oss att förstå hur samma genetiska material kan leda till olika hälsoutfall beroende på miljö och livsstilsfaktorer. Två individer med liknande genetiska förutsättningar kan utveckla olika hälsoproblem eller åldras i olika takt, beroende på deras levnadsstil och erfarenheter. Forskningen inom epigenetik ger oss bättre förståelse för hur vi kan förebygga sjukdomar och påverka åldringsprocessen genom att göra hälsosamma val i vår livsstil.

Sammanfattningsvis handlar epigenetik om hur livsstil och omgivning påverkar genuttrycket. Genom att aktivera eller stänga av olika gener kan det få en betydande inverkan på din hälsa, åldrande och risken för att utveckla sjukdomar.

"Sömnlösa nätter börjar med störda nervbanor."

Biokemi och restless legs (RLS)

Nu kommer vi in på ett avsnitt med många biokemiska termer. Det är här orsakerna till dina myrkrypningar kan finnas. Vissa genvarianter fungerar kanske inte optimalt, vilket kan påverka enzymers funktion. Detta leder till brist på viktiga näringsämnen som cellerna behöver för att fungera korrekt. Med tiden kan detta yttra sig som smärta, hjärtproblem, viktuppgång, stela muskler, rynkor eller krypningar i benen och sömnlösa nätter.

Du är frisk men ändå inte frisk

Förmodligen har du under en längre tid känt att något inte står rätt till. Tester och läkarbesök visar att du är frisk, men du upplever ofta att du inte mår helt bra. Det kan handla om besvär som trötthet, nedstämdhet, oro, humörsvängningar, diffusa smärtor, magproblem, övervikt, återkommande huvudvärk, nack- eller axelsmärta.

Eller så kan det helt enkelt vara en allmän känsla av att något är fel, eller att någonting inte är i balans, men du kan inte sätta fingret på exakt vad.

Ovanstående är mitt försök till beskrivning av att ha en dubbel MTHFR-mutation utan att veta om det.

Hälsoproblem kopplade till variationer i MTHFR-genen

Variationer i MTHFR-genen har kopplats till ett brett spektrum av hälsoproblem, som ofta förbises eller felbehandlas inom sjukvården. Här är några tillstånd kopplade till MTHFR-mutationer:

Hjärt- och kärlsjukdomar

MTHFR-variationer kan orsaka förhöjda nivåer av homocystein, en känd riskfaktor för hjärt- och kärlsjukdomar som hjärtinfarkt och stroke.

Neurologiska störningar

Sjukdomar som Parkinsons sjukdom och RLS har kopplats till MTHFR-genvariationer.

Psykiatriska och humörstörningar

Schizofreni, autism, bipolär sjukdom, ångest och depression kan associeras med dessa mutationer.

Venös trombos

Förhöjda nivåer av homocystein kan också öka risken för blodproppar och djup ventrombos.

Immun- och autoimmuna sjukdomar

Variationer i MTHFR-genen kan påverka immunsystemets funktion och vara kopplade till autoimmuna störningar.

Födelsedefekter

MTHFR-mutationer kan störa folatmetabolismen, vilket är avgörande under graviditeten. Låga nivåer av aktivt folat ökar risken för neuralrörsdefekter, som spina bifida, hos nyfödda.

Kronisk smärta och trötthet

Personer med MTHFR-variationer kan drabbas av kronisk smärta och trötthet, på grund av en ineffektiv metyleringsprocess.

Cancer

Forskning tyder på att MTHFR-variationer kan öka risken för vissa typer av cancer, som koloncancer, på grund av störningar i DNA-syntes och DNA-reparation.

MTHFR och Neurologiska Symtom

Viss forskning visar på ett samband mellan MTHFR-variationer och neurologiska tillstånd som restless legs syndrom och fibromyalgi. Detta område förtjänar mer uppmärksamhet, och ytterligare forskning behövs för att förstå sambandet mellan nedsatt metylering och dessa sjukdomar.

Primär RLS och ärftlighet

Forskningen är överens om att majoriteten av patienter med primär RLS har en ärftlig form av sjukdomen, eller åtminstone en ärftlig komponent som bidrar till dess uppkomst.

Enligt hypotesen är det inte själva sjukdomen som ärvs, utan mutationer i MTHFR-genen – mutationer som i sin tur kan bidra till att sjukdomen utvecklas.

Att ha en eller två genvariationer betyder inte att du automatiskt utvecklar restless legs, men det ökar din predisposition att utveckla RLS. Predisposition kan översättas till benägenhet eller ärftlig mottaglighet. Det beskriver en medfödd eller genetisk tendens att utveckla vissa sjukdomar eller tillstånd.

Restless legs syndrom (RLS) beskrivs ofta som en multifaktoriell sjukdom. Det betyder att genetiska faktorer, miljöpåverkan och livsstilsfaktorer kan spela in för att sjukdomen ska bryta ut.

MTHFR-genen och metylering

MTHFR-genvariationer påverkar metyleringsprocessen och därmed kroppens förmåga att omvandla vitaminer och näringsämnen till deras aktiva former. Detta kan leda till brist på viktiga B-vitaminer som B6, B9 och B12, samt mineraler som magnesium, zink och selen. Detta kan i sin tur bidra till neurologiska och psykiska problem som depression, ångest, fibromyalgi, restless legs-syndrom och neuropati.

Nedsatt metylering kan minska kroppens förmåga att använda dessa näringsämnen effektivt, vilket leder till lägre nivåer av dessa ämnen i kroppen. Ett ökat behov av dessa näringsämnen för att stödja den ineffektiva metyleringsprocessen kan också orsaka en relativ brist.

En hypotes om restless legs

Den hypotes jag presenterar här är ännu inte vetenskapligt bekräftad, men den förklarar helt eller delvis orsakerna bakom RLS. Biohackare som Gary Brecka och svenska Martina Johansson (7) har genom sitt arbete spelat en viktig roll i att lyfta fram konsekvenserna av nedsatt metylering och variationer av MTHFR-genen. Deras insatser har ökat

163

medvetenheten kring detta ämne och bidragit till att det nu diskuteras mer öppet, vilket har fördjupat förståelsen av dess betydelse för vår hälsa.

Min ambition är att vårt arbete ska öka intresset för metyleringens betydelse även inom forskarvärlden. Av någon anledning fokuserar mycket forskning fortfarande på att identifiera obalanser i hjärnan, snarare än att utforska hur biokemiska processer och vitaminer påverkar vår hälsa. Jag hoppas att framtida studier undersöker sambandet mellan variationer i MTHFR-genen och RLS/WED mer ingående.

Framtidens Vård: När DNA-testning blir standard vid komplexa symtombilder

Med tanke på att en så stor del av befolkningen har genvariationer som påverkar metyleringen, är det förvånande att frågan inte lyfts oftare vid läkarbesök. Den biokemiska grunden till våra hälsoproblem förtjänar mer uppmärksamhet i medicinska utredningar, särskilt när det gäller komplexa symtombilder och svårdiagnostiserade sjukdomstillstånd. Förhoppningsvis kommer vi en dag att se en rutin där läkare regelmässigt rekommenderar DNA-test för att kartlägga metyleringsprocessen och optimera behandlingen utifrån varje individs unika genetiska förutsättningar.

Restless Legs och MTHFR: Finns det en koppling?

Ja, forskning har identifierat flera möjliga mekanismer:

Förhöjda homocysteinnivåer och störd folatmetabolism: MTHFR-mutationer orsakar höga homocysteinnivåer och folatbrist, vilket bidrar till restless legs.

Låga GABA-nivåer och förhöjt glutamat: MTHFR-mutationer kan minska GABA och öka glutamat, vilket kan leda till svårigheter att slappna av och förvärra RLS-symtom.

Nedsatt dopaminproduktion: Dopamin spelar en central roll i RLS. MTHFR-mutationer kan påverka dopaminproduktionen, vilket kan bidra till symtomen.

Bristtillstånd orsakade av trög eller nedsatt metylering

MTHFR-mutationer leder till olika näringsbrister, vilket i sin tur orsakar neurologiska symtom.

Trög eller nedsatt metylering medför att kroppen har svårt att omvandla vitaminerna B2, B6, B9, B12 samt selen, zink, magnesium till aktiv form. Brist på dessa ämnen kan ge allvarliga neurologiska symtom.

Funktionell vitaminbrist orsakad av nedsatt metylering

Funktionell vitaminbrist på grund av trög metylering betyder att även om blodvärden för exempelvis B12 kan vara inom det normala intervallet, kan kroppen ändå ha en brist på cellnivå. Detta händer när metyleringsprocessen, som är beroende av B12 och andra viktiga näringsämnen, fungerar ineffektivt.

När metyleringen är ineffektiv omvandlar och använder kroppen inte B12 korrekt i cellerna, trots att det finns tillräckliga nivåer i blodet. Det leder till en funktionell brist, där kroppens system inte får de fulla fördelarna av vitaminet, vilket kan påverka energiproduktion, avgiftning, nervhälsa och andra viktiga processer.

Samma sak gäller för vitamin B6, B9, Magnesium och zink.

Orsak till nedsatt nervfunktion och restless legs

Bristen på aktiva former av B-vitaminer påverkar kroppens förmåga att hantera stress, producera energi och reglera nervsystemet. I vissa fall kan detta även förvärra symtom på tillstånd som Restless Legs Syndrom

166

(RLS), eftersom nervfunktionerna blir nedsatta av bristen på tillräckliga näringsämnen.

För att behandla funktionell vitaminbrist orsakad av nedsatt metylering används metylerade former av B-vitaminer, som kroppen direkt kan ta upp och använda för att förbättra den biologiska processen. Detta kan hjälpa till att lindra symtomen och förbättra kroppens övergripande funktion.

Förenklad beskrivning av en komplex process

Det jag beskriver här är en förenklad bild av en mycket komplex biologisk verklighet. Det finns hundratals olika genvariationer. Forskning visar att många människor har en av flera MTHFR-genvariationer, kallade SNP:s (singelnukleotidpolymorfismer). Varje SNP representerar en liten förändring i DNA-strukturen, där vissa varianter kan påverka hälsan negativt.

Förutom MTHFR finns flera andra gener som påverkar metyleringsprocessen, till exempel:

MTR och MTRR: Påverkar omvandlingen av homocystein till metionin.

BHMT: Stödjer en alternativ väg för att omvandla homocystein till metionin.

167

MAT1A: Ansvarar för att omvandla metionin till S-adenosylmetionin (SAMe), en viktig metyldonator.

CBS: Påverkar nedbrytningen av homocystein i transsulfurationsvägen.

PEMT: Kopplar metyleringscykeln till produktionen av fosfatidylkolin, viktig för cellmembran och leverfunktion.

Även andra gener som COMT, FOLH1 och MTHFD har betydelse för metyleringscykeln. Ett DNA metyleringstest brukar analysera ett tjugotal olika gener.

5-MTHF-tillskott passar inte för alla genvarianter

5-MTHF, den aktiva formen av vitamin B9, förbättrar metyleringen och är till nytta för de flesta. Men för en liten del av befolkningen med specifika genvariationer kan dessa tillskott faktiskt förvärra symtomen.

Slutsats: MTHFR och Behandling av RLS – Möjligheter och Utmaningar

MTHFR-genvariationer kan påverka metyleringsprocessen och bidra till restless legs-syndrom (RLS). optimering av B-vitaminer, särskilt B6, B9 (folat), B12, samt magnesium och zink, är en nyckel till symtomlindring. Det är dock viktigt att denna behandling sker under läkares övervakning för att säkerställa korrekt dosering och uppföljning.

168

Okänd mark och behov av forskning

Framtida forskning kommer sannolikt att fördjupa vår förståelse av dessa genetiska variationers roll i hälsan. Trots att vi har gjort framsteg när det gäller hur MTHFR-genen och metylering påverkar kroppen, är vi fortfarande på okänd mark, särskilt när det gäller sambandet med RLS. Läkarvetenskapen har ännu inte fullt ut integrerat dessa nya rön, det betyder att det saknas tydliga riktlinjer för behandling av MTHFR-relaterade problem.

Inspiration för Framtida Forskning

Kanske kan denna bok och biohackare som jag själv och andra vara en del av en förändring. Vi kan vara drivkraften som inspirerar ny forskning och uppmärksammar kopplingen mellan MTHFR och RLS. Men tills dess att mer forskning och tydliga behandlingsprotokoll finns, måste de drabbade själva ta initiativet.

"Om RLS är idiopatiskt, varför hjälper det att fylla på järn, magnesium och B12?"

MTHFR och din hälsa: Hur du tar reda på din genetiska status

Har du en MTHFR-variant?

Om du upplever symtom som restless legs eller andra hälsoproblem, kan det vara värt att undersöka om du har en MTHFR-genvariant. Detta kan enkelt göras med ett DNA-test. Ett exempel på ett företag som erbjuder detta kan du hitta på min sida:

www.restlesslegssyndrom.com

Viktiga gener att analysera

MTHFR

MTR

MTRR

AHCY

COMT

MTHFR och COMT är särskilt viktiga för att förstå hur din metyleringsprocess fungerar. Ett DNA metyelerings test brukar omfatta de 20–30 vanligaste generna som påverkar metyleringscykeln.

Beställ ditt DNA-test: steg för steg

Att beställa ett DNA-test är enkelt. Du beställer hem ett testkit, samlar in ditt salivprov, förseglar det och skickar tillbaka provet. Resultatet kommer inom några veckor via e-post, med expressalternativ tillgängliga mot en extra avgift. Priset ligger ofta mellan 150 och 200 USD.

Genvarianter och deras påverkan på din hälsa

Att ha en MTHFR-genvariation betyder inte att du kommer utveckla en sjukdom, men det kan indikera en mindre effektiv metyleringsprocess. Personer med denna variation kan ha svårt att omvandla B-vitaminer som B9 och B12 till sina aktiva former, vilket kan påverka hälsan.

Från test till åtgärd: En guide till att hantera genmutationer

När din genvariant har identifierats genom tester kan du ta konkreta steg för att åtgärda brister. Genom att justera kosten och tillföra riktade kosttillskott kan du optimera din hälsa.

Kosttillskott för förbättrad metylering

Personer med MTHFR-mutationer kan ha nytta av metylerade B-vitaminer, som Pyridoxal-5-Phosphate (B6), metylkobalamin (B12) och metyltetrahydrofolat (B9), eftersom dessa hjälper kroppen att hantera näringsbrister effektivt.

Kostförändringar för optimal hälsa

En näringsrik kost, rik på folat från gröna bladgrönsaker, är viktig. Livsmedel och mineraler som bor, mangan och selen är också avgörande för att främja kroppens processer.

Livsstilsförändringar för förbättrad metylering

Om du har en genetisk variation som påverkar metyleringen är det viktigt att undvika alkohol, tobak och minska kaffe och socker. Dessa ämnen kan hämma metyleringsprocessen. Att ta metylerade former av B-vitaminer, såsom B2, B6, B9 och B12, säkerställer att kroppen får de näringsämnen den behöver.

Optimera hälsan med B1, B2 och B3

Även om MTHFR-mutationer inte direkt orsakar brist på B1, B2 eller B3, kan de påverka kroppens näringsbehov och metabolism. Riboflavin (B2) är särskilt viktig för MTHFR-enzymets funktion, och ett tillräckligt intag av dessa vitaminer kan stödja en hälsosam metabolism.

Om du behöver råd kring vilket testföretag som passar dig så besök min hemsida

www.restlesslegssyndrom.com

När blodprovet ljuger: Funktionell B12-brist och dess dolda effekter

Blodprover kan vara vilseledande när det kommer till B12-brist. Du kanske får resultat som visar att dina B12-nivåer är normala, men ändå upplever symtom som trötthet, koncentrationssvårigheter och nervproblem. Hur kan det komma sig? Det är här som den funktionella B12-bristen kommer in – en osynlig men viktig brist som inte alltid upptäcks i vanliga blodprov.

Vad är funktionell B12-brist?

Din kropp behöver B12 i sin aktiva form, metylkobalamin, för att stötta livsviktiga funktioner som DNA-syntes, avgiftning och nervhälsa. Men för personer med nedsatt metylering – en process som omvandlar näringsämnen till användbara former – är det inte alltid så enkelt. Om du har en variant av MTHFR-genen, som påverkar din metylering, kan kroppen ha svårt att omvandla B12 till dess aktiva form, trots att blodprovet visar normala nivåer.

Osynliga symtom – varför du kanske lider utan att veta det

Även om dina B12-värden ser bra ut på pappret, kan kroppen fortfarande lida av en funktionell brist. Det innebär att tillräckliga mängder B12 inte når de viktiga processerna i cellerna, vilket kan orsaka symtom som mental dimma, humörsvängningar, nervproblem och kronisk trötthet. Dessa symtom är lätt att förbise eller felaktigt tillskriva andra hälsoproblem, men de kan vara tecken på att din kropp inte får det B12 den behöver i sin aktiva form.

Metyleringens roll i vitaminupptag

Nedsatt metylering påverkar inte bara B12, utan även andra viktiga vitaminer och mineraler. Genom att förstå hur metylering fungerar kan du bättre optimera ditt näringsintag. Här är några näringsämnen som ofta påverkas:

Folat (Vitamin B9)

Personer med MTHFR-genvariationer har ofta svårt att omvandla folsyra till sin aktiva form, 5-MTHF (metylfolat), vilket är avgörande för korrekt metylering. Detta kan leda till symtom som trötthet, depression och högre homocysteinnivåer, vilket ökar risken för hjärt-kärlsjukdomar.

Vitamin B6

B6 måste omvandlas till sin aktiva form, pyridoxal-5-fosfat (P5P), för att fungera ordentligt. Brist på aktivt B6 kan påverka nervsystemet, vilket kan leda till ångest, depression och sömnsvårigheter.

Magnesium

Magnesium är en viktig kofaktor för många enzymatiska processer, inklusive metylering. En brist kan orsaka allt från muskelkramper och ångest till sömnstörningar.

Vitamin D och Zink

Även zink, som behövs för enzymaktivitet, och vitamin D, som stödjer immunförsvaret, kan påverkas. Nedsatt metylering minskar kroppens förmåga att fullt ut tillgodogöra sig dessa viktiga näringsämnen.

Vägen framåt: Vad du kan göra

För att motverka dessa problem är det viktigt att inte bara ta tillskott, utan också se till att de tas i sin aktiva form. Metylkobalamin (aktivt B12), 5-MTHF (aktivt folat) och P5P (aktivt B6) är nycklarna till att optimera din kroppsfunktion och förbättra din hälsa.

Genom att förstå den funktionella B12-bristen och dess koppling till metyleringsproblem, kan du ta kontroll över ditt välmående. Prata med din läkare om tester och behandlingsalternativ som kan hjälpa dig att få i dig de näringsämnen din kropp faktiskt kan använda – och slipp symtomen som gömmer sig bakom "normala" blodvärden.

Funktionell Järnbrist

Nedsatt Järnmetabolism och RLS-symtom

Vitamin B9 (folat) och B12 är essentiella för blodbildning och järnmetabolism. Deras brist påverkar kroppens förmåga att producera friska röda blodkroppar och effektivt utnyttja järn, vilket kan leda till symtom relaterade till funktionell järnbrist. Här utforskas kopplingen mellan B-vitaminer, järnmetabolism och restless legs syndrom (RLS).

Metyleringens roll och blodbildningens grunder

B9 och B12 spelar en avgörande roll i cellernas metyleringsprocesser, som är viktiga för att generera och mogna friska röda blodkroppar. När B9 och B12 saknas, utvecklas megaloblastisk anemi – stora, omogna röda blodkroppar som inte effektivt transporterar syre.

Vid genetiska variationer i MTHFR-genen kan metyleringsförmågan minska, vilket leder till en funktionell brist på B9 och B12 eftersom kroppen har svårt att aktivera dessa vitaminer. Detta kan leda till funktionell järnbrist där järn finns lagrat men inte används optimalt i syretransport, vilket kan förvärra RLS-symtom såsom obehag och myrkrypningar i benen.

Koppling till Dopamin och RLS-symtom

Järn behövs för dopaminproduktion, en signalsubstans viktig för motoriska funktioner och humör. Låg dopaminnivå är associerad med RLS, och ineffektiv järnomsättning kan indirekt minska dopaminproduktionen. Genom att säkerställa tillräckliga nivåer av B9 och B12 kan järn utnyttjas bättre för dopaminproduktionen, vilket bidrar till att minska RLS-relaterade symtom.

Homocystein och Inflammation: En faktor som hämmar järnupptaget

B9 och B12 är också nödvändiga för att omvandla homocystein till metionin, en process inom metylering. Vid brist på dessa vitaminer ackumuleras homocystein, vilket kan orsaka oxidativ stress och inflammation. Detta kan försämra järnupptaget i tarmen och därmed minska tillgången på funktionellt järn, något som kan förvärra symtom hos personer med RLS.

Tarmupptag av Järn och Bioaktiva Vitaminformer

Vid brist på B9 och B12 kan tunntarmens järnupptag påverkas, ofta på grund av bristande produktion av enzymer och proteiner som är kritiska för absorptionen. Personer med genetiska variationer, som MTHFR-mutationer, har dessutom svårt att omvandla folat och B12 till sina aktiva former (5-MTHF och metylerat B12), vilket ytterligare försvårar upptag och användning av järn.

Sammanfattning: Bioaktiva B-vitaminer för RLS

Brist på B9 och B12 kan orsaka funktionell järnbrist genom att påverka kvaliteten på blodceller, höja homocysteinnivåerna och minska järnupptaget. Detta leder till ineffektiv järnmetabolism och kan förvärra RLS-symtom. För personer med genetiska variationer i MTHFR-genen och nedsatt metylering kan tillskott av B9 (5-MTHF) och

B12 i sina aktiva former vara en effektiv strategi för att förbättra järnmetabolismen, stödja dopaminproduktionen och lindra RLS-symtom.

"Biohacking RLS är inte att jaga mirakel – det är att ta tillbaka kontrollen."

Andra genvarianter kopplade till Restless Legs Syndrome (RLS) (avancerad nivå för nörden)

Forskning har identifierat flera genvarianter och mutationer som kan öka risken för att utveckla Restless Legs Syndrom (RLS). Bland de mest betydelsefulla generna finns BTBD9 och MEIS1, men även MAP2K5/LBXCOR1 och PTPRD har visat sig spela en roll. Dessa gener påverkar olika neurologiska funktioner och kan bidra till utvecklingen av symtom som är typiska för RLS.

BTBD9: En nyckelspelare i dopaminmetabolism och järnomsättning

BTBD9 är en gen som uttrycks i hjärnan och andra vävnader. Även om dess exakta funktion ännu inte är fullt förstådd, pekar forskning på att den spelar en central roll i både dopaminreglering och järnmetabolism. BTBD9 påverkar nervsignaleringen, som är avgörande för motoriska funktioner och viljestyrda rörelser, samt kroppens förmåga att hantera järn, vilket är viktigt eftersom järnbrist i hjärnan har en stark koppling till RLS.

Studier visar att genetiska variationer i BTBD9 kan minska hjärnans järnnivåer även när blodets järnnivåer är normala. Detta kan störa dopaminproduktionen, vilket är en central mekanism bakom RLS-symtom.

183

Variationer i BTBD9 och deras effekter

En specifik genetisk variant i BTBD9, känd som rs9357271, har kopplats till en ökad risk för RLS. Denna variant kan bidra till störd järnmetabolism och förändrad nervsignalering, vilket i sin tur kan leda till periodiska benrörelser under sömn (PLMS) och den rastlösheten och krypande känsla i benen som är karakteristisk för RLS. Dessutom har variationer i BTBD9 visat sig påverka energimetabolismen i nervceller, vilket kan bidra till hjärnans bearbetning av sensoriska signaler och ytterligare förstärka symtomen.

MEIS1: En gen med stark koppling till RLS och PLMS

MEIS1 är en annan viktig gen kopplad till RLS. Den spelar en central roll i utvecklingen och regleringen av nervsystemet och är involverad i neurogenes, det vill säga bildandet av nya nervceller. MEIS1 fungerar som en transkriptionsfaktor och styr aktiviteten hos andra gener som påverkar nervsignalering, muskelfunktion och dopaminreglering.

Genetiska variationer och deras effekter

Två genetiska varianter i MEIS1, rs12469063 och rs6710341, har visats öka risken för RLS. Dessa varianter kan försämra dopaminregleringen

184

i nervceller som kontrollerar motoriska rörelser. Dessutom kan de bidra till periodiska benrörelser under sömn (PLMS) genom att störa de nervbanor som styr rörelser under vila. MEIS1 påverkar även nervaktivitet under sömn, vilket kan förklara varför många med RLS

upplever sömnstörningar. Effekterna av dessa variationer är särskilt uttalade hos individer med en ärftlig koppling till RLS.

MAP2K5, LBXCOR1 och PTPRD: Andra bidragande gener

Utöver BTBD9 och MEIS1 har forskare också identifierat gener som MAP2K5, LBXCOR1 och PTPRD som relevanta för RLS. Dessa gener är kopplade till neurologiska funktioner och påverkar hur nervceller kommunicerar och reglerar motorik. Variationer i dessa gener kan bidra till motoriska symtom och rastlöshet, särskilt under perioder av inaktivitet. Dessa upptäckter förstärker bilden av RLS som en genetiskt komplex sjukdom som involverar flera biologiska system.

Genetikens roll i utvecklingen av RLS

RLS är en multifaktoriell sjukdom som uppstår genom en kombination av genetiska och miljömässiga faktorer. Detta innebär att flera gener bidrar till sjukdomens risk, men deras effekt förstärks ofta av externa faktorer som järnbrist eller vissa mediciner. Även om genetisk predisposition ökar sannolikheten för RLS, garanterar det inte att sjukdomen kommer att utvecklas. Livsstilsfaktorer och miljöpåverkan spelar en viktig roll i hur symtomen manifesteras.

Hur kan genetiska riskfaktorer hanteras?

Trots att gener som BTBD9 och MEIS1 är viktiga riskfaktorer för RLS finns det sätt att minska symtomen och förbättra livskvaliteten.
Att optimera järnnivåerna är avgörande eftersom järn är en nyckelfaktor för dopaminsyntesen. Det är därför viktigt att kontrollera ferritin- och järnstatus regelbundet och överväga järntillskott vid behov.

En magnesium- och vitaminrik kost kan stödja nervsystemet och lindra symtomen. Regelbunden motion och stresshantering är andra viktiga insatser.
Medicinska behandlingar som dopaminagonister kan stabilisera dopaminsystemet och lindra symtomen. Det är dock viktigt att konsultera en läkare för att hitta den mest effektiva behandlingsmetoden.

Framtida forskning

Genetisk forskning om RLS ger nya insikter som kan bana väg för mer målinriktade behandlingar. Genom att förstå hur variationer i gener som BTBD9 och MEIS1 påverkar dopamin och järnmetabolism kan

186

forskare utveckla terapier som specifikt lindrar symtomen och

förbättrar livskvaliteten för personer med RLS.

Med en kombination av livsstilsförändringar, medicinska insatser och

ökad kunskap om genetiska faktorer finns det stora möjligheter att

effektivt hantera sjukdomen och ge hopp till drabbade.

DNA-tester, livsstil och kosttillskott

Testa för genvariationer kopplade till RLS/WED
Genetiska tester kan hjälpa till att identifiera variationer i generna
BTBD9, MEIS1,
MAP2K5/LBXCOR1 och PTPRD, som alla är kopplade till Restless Legs
Syndrom (RLS). Kommersiella tjänster som 23andMe,

AncestryDNA och MyHeritage erbjuder tester för att analysera specifika
SNP:er (single nucleotide polymorphisms) som är relevanta för RLS.
Några av de mest kända SNP:erna är rs9357271 i BTBD9 och rs12469063 i
MEIS1. Mer omfattande analyser kan också göras via medicinska
genetiska tester, som vanligtvis kräver en remiss till en specialist.

Hur fungerar testningen?

Genetiska tester genomförs med hjälp av ett saliv- eller blodprov. DNA analyseras sedan för att identifiera genetiska variationer. Kommersiella tester är lättillgängliga och erbjuder en grundläggande analys, medan medicinska tester ofta går djupare och kan inkludera fler gener och genetiska markörer.

Livsstilsanpassningar för att hantera genvariationer Även om generna själva inte kan ändras, är det möjligt att minska deras negativa effekter genom att anpassa livsstilen. Fokuset ligger på att stödja de biologiska processer som påverkas av dessa gener.

BTBD9: Stöd dopamin och järnmetabolism

Genen BTBD9 är kopplad till dopaminreglering och järnmetabolism. För att stödja dessa processer är det viktigt att inkludera järnrik mat, som spenat, baljväxter och rött kött, i kosten. Järntillskott kan vara nödvändigt vid brist, och intaget av vitamin C bör optimeras för att förbättra järnupptaget. Det är också fördelaktigt att undvika koffein, som kan påverka dopaminsystemet negativt.

MEIS1: Optimera nervhälsan

MEIS1 spelar en central roll i nervutveckling och järnmetabolism. En kost som är rik
på vitamin B12, järn och magnesium kan bidra till att minska symtom. Magnesium
kan särskilt hjälpa till att lindra muskelspasmer. Regelbunden fysisk aktivitet, som
promenader eller yoga, förbättrar också blodflödet och stöder nervfunktion.

MAP2K5/LBXCOR1: Förbättra nervsignalering

Generna MAP2K5 och LBXCOR1 påverkar nervsignalering och motorisk kontroll. En diet rik på omega-3-fettsyror från källor som fet fisk, valnötter och linfrön kan förbättra nervsystemets hälsa. Avslappningstekniker, som meditation och djupandning, kan minska stress och förbättra nervfunktionerna.

PTPRD: Skydda nervceller och förbättra sömn

PTPRD påverkar nervsignalering och har en koppling till periodiska benrörelser under sömn. Antioxidantrik mat, som bär, gröna bladgrönsaker och nötter, kan hjälpa till att skydda nervceller mot skador. För att minska sömnproblem är det viktigt att upprätthålla en god sömnhygien genom regelbundna sovtider och att undvika skärmar nära läggdags.

Kost och näring som stöd för RLS

Rätt kost är en avgörande faktor för att hantera effekterna av genvariationer kopplade till RLS. Fokus bör ligga på att inkludera näringsämnen som stöder nerv- och muskelfunktion.

Järn och vitamin C

En järnrik kost, kompletterad med vitamin C för bättre upptag, kan förbättra järnnivåerna och därmed dopaminproduktionen. Exempel på järnrika livsmedel är broccoli, lever och ägg.

Magnesium och B-vitaminer

Magnesium spelar en viktig roll i muskelavslappning och nervhälsa. Livsmedel som mandlar, bananer och mörk choklad är bra källor. B-vitaminer, särskilt B12 och folat, är viktiga för nervsystemets funktion och kan fås från mejeriprodukter, ägg och berikade spannmål.

Omega-3 och antioxidanter

Omega-3-fettsyror från källor som lax och chiafrön hjälper till att stödja nervhälsan. Antioxidantrik mat, som blåbär och spenat, skyddar nervceller och minskar

inflammatoriska processer.

Livsstilsförändringar för att minska symtomen
Förutom kost kan vissa livsstilsförändringar bidra till att lindra RLS-symtom och minska effekterna av genetiska variationer.

Motion och aktivitet

Regelbunden motion förbättrar cirkulationen och minskar symtomens intensitet. Lätt till måttlig träning, som promenader eller simning, är särskilt effektivt.

Sömn och stresshantering

God sömnhygien är avgörande för att lindra symtom. Detta inkluderar att gå till sängs vid samma tid varje kväll, hålla sovrummet mörkt och svalt, och undvika koffein och alkohol på kvällen. Stressreducerande tekniker, som meditation och massage, kan också hjälpa.

Undvik triggers

Minska konsumtionen av ämnen som kan förvärra symtomen, som koffein, alkohol och nikotin. Dessa påverkar nervsystemet och kan öka rastlösheten i benen.

Medicinska behandlingar vid svåra symtom

Om livsstilsförändringar och kost inte är tillräckliga kan medicinska behandlingar övervägas. Dopaminagonister, som pramipexol och ropinirol, används ofta för att

reglera dopamin och lindra RLS-symtom. Vid allvarlig järnbrist kan järninfusioner vara effektiva. Andra läkemedel, som gabapentin eller pregabalin, kan användas för att minska nervsmärta och obehag.

Samspelet mellan BTBD9, MTHFR och MEIS1: En genetisk riskfaktor för RLS

Det är inte ovanligt att en individ har genetiska varianter i BTBD9, MTHFR, och MEIS1 samtidigt, eftersom alla tre gener är vanliga i befolkningen.

BTBD9: Genetiska variationer förekommer hos cirka 35–50 % av befolkningen.

MTHFR: Mutationer, såsom C677T eller A1298C, finns hos upp till 40 % av befolkningen.

MEIS1: Variationer i denna gen är en känd riskfaktor för RLS och är relativt vanliga, särskilt i populationer med hög förekomst av RLS.

Eftersom dessa gener är vanligt förekommande kan en betydande andel av befolkningen ha variationer i alla tre samtidigt. När dessa genetiska variationer samverkar i en individ kan risken för RLS öka markant. Detta beror på att:

BTBD9 påverkar neurologiska mekanismer relaterade till RLS.

MTHFR påverkar metyleringscykeln, som är avgörande för nervfunktion och signalsubstanser.

MEIS1 är kopplad till neurologisk utveckling och dopaminerga system, som spelar en central roll i RLS.

Tillsammans kan dessa faktorer öka mottagligheten för RLS och bidra till svårighetsgraden av symtomen.

Sammanfattning

Genetiska variationer i BTBD9, MEIS1, MAP2K5/LBXCOR1 och PTPRD kan bidra till RLS-symtom, men deras effekter kan hanteras genom rätt kost, livsstilsförändringar och, vid behov, medicinsk behandling.

Försämrad metyleringscykel, särskilt på grund av variationer i MTHFR-genen, kan öka risken för RLS, vilket gör optimering av metyleringsprocessen extra viktig. Genom att anpassa näringsintaget, hålla en aktiv livsstil och undvika triggers kan symtomen lindras och livskvaliteten förbättras. Genetiska tester ger dessutom värdefull information som kan hjälpa till att skräddarsy behandlingen efter individens specifika behov.

Snygga förpackningar, tomt innehåll: Skojeriet med skräpvitaminer

Varför vissa kosttillskott inte fungerar

Till att börja med vill jag belysa varför det finns motstridande information om effekten av B-vitaminer och magnesium på RLS-symtom. Många med RLS har delat med sig av erfarenheter där tillskott som magnesium och B-vitaminkomplex har lindrat eller helt eliminerat deras symtom. Samtidigt finns det andra som inte upplever någon förbättring alls.

Varför vi reagerar olika på preparat

Det är inte förvånande att resultaten varierar, eftersom RLS kan ha olika orsaker och varje individ är unik, vilket gör att vi också reagerar olika på behandling. För vissa kan ett preparat lindra symtom, medan det hos andra kan ha liten eller ingen effekt, eller till och med en negativ effekt.

195

Magnesium och B1: Därför fungerar inte alla sorter

En av de främsta anledningarna till att vissa inte upplever någon effekt av kosttillskott som magnesium och B-vitaminkomplex kan vara de många olika varianterna av dessa preparat. Det finns till exempel 33 olika former av magnesium och 26 varianter av vitamin B1 (tiamin), alla med specifika egenskaper och varierande kvalitet.

Tillverkarna kapitaliserar på vår okunskap

Många tror att när de köper en burk med magnesiumtillskott, så får de "vanligt magnesium". De flesta känner inte till att det finns så många varianter av magnesium.

Tillverkarna bakom preparaten utnyttjar vår okunskap genom att välja de billigaste formerna av magnesium som beståndsdel. De billigare formerna av magnesium köps i bulk från Kina till extremt låga priser.

Att den valda magnesiumsorten kanske är mer lämpad som laxermedel eller som brandsläckningsmedel är inget de bryr sig om. Det enda som betyder något för dem är hög vinstmarginal.

Varför finns det så många varianter av Magnesium och B1?

Det är syntetiska varianter framtagna på konstgjord väg som alternativ till vitaminet eller preparatet i naturlig form. Orsaken är att forskare har försökt utveckla former som kroppen lättare absorberar eller som har specifika medicinska egenskaper. Syntetisering behöver inte vara något negativt. Många syntetiska varianter av tiamin (B1) har till exempel bättre biotillgänglighet än sin naturliga motsvarighet. Mer om det längre fram i boken.

Givetvis är massproduktion också en av orsakerna till att näringsämnen syntetiseras. Det är tack vare syntetiseringen som vi kan köpa en mängd olika produkter i hälsokostbutiker. Det är viktigt att välja rätt produkter, eftersom det finns många syntetiska varianter som kan betraktas som skräp, särskilt när det gäller tiamin (B1) och magnesium.

Skojeri på burk

Magnesiumhydroxid och magnesiumoxid är exempel på magnesiumsorter som ofta förekommer i hälsokostprodukter, trots att deras huvudsakliga användningsområden är industriella. Dessa föreningar används inom områden som avloppsrening och brandsläckning, och deras låga biotillgänglighet gör dem mindre lämpliga för att effektivt öka magnesiumnivåerna i kroppen. Att dessa produkter marknadsförs som hälsokostpreparat är problematiskt, då de inte är utformade för att möta kroppens behov av magnesium på ett optimalt sätt.

De används i medel mot halsbränna, magbesvär och laxermedel. De används också som komponent i brandsläckningsmedel, avloppsrening, tillsats i gödningsmedel, isolering i brandväggar och mycket annat.

Magnesiumoxid: Laxermedel eller näring för dina celler?

Jag anser det gränsar till skojeri när man säljer det som magnesiumtillskott. Hade man sålt det som laxermedel hade det varit okej, men inte som ett preparat för att öka magnesiumnivåerna i cellerna.

Vi ser samma mönster med försäljningen av B-vitaminer. Storsäljarna är av någon anledning de billigaste och minst effektiva varianterna. Värst är burkarna med B-vitaminkomplex som ofta innehåller en blandning av de sämsta sorterna inom B-vitaminfamiljen. B-vitaminer med låg verkningsgrad och låg biotillgänglighet. Det är inte konstigt att en del konsumenter blir besvikna.

En känd affärsmodell

Hälsokostindustrins affärsmodell är inte ny. Den känns igen från exempelvis försäljningen av städkemikalier och rengöringsmedel. Påkostad tv-reklam marknadsför snyggt förpackade rengöringsmedel som på några få sekunder får de mest inbrända formar att skina.

En analys av innehållet i flaskorna brukar ge en annan bild av verkligheten. Tester brukar visa att det mesta av innehållet är vatten och parfym med en försvinnande liten del verksamma ämnen.

I många fall vore det mer passande att byta benämningen tillverkarna mot "skojarna". Det gäller för övrigt båda nämnda branscher.

Tillverkningsprocessen: Vad innehåller ditt tillskott?

När vi tänker på hälsokost, föreställer vi oss ofta naturliga och rena produkter som är bra för vår kropp. Men verkligheten är ibland en annan. Jag ska ge ett exempel.

Om du köper ett B-vitaminkomplex i en hälsokostbutik eller på apotek, innehåller det sannolikt vitamin B1 (tiamin) i form av tiaminmononitrat eller tiaminhydroklorid.

Dessa varianter av tiamin används ofta i kosttillskott på grund av deras stabila form, vilket gör dem enkla att förpacka i tabletter eller kapslar.

En tillverkningsprocess med ammoniak, aceton och saltsyra - storsäljare

Vad många inte vet är att tillverkningsprocessen för dessa former av tiamin involverar kemikalier som stenkolstjära, ammoniak, aceton och saltsyra, ämnen som inte är särskilt hälsosamma.

Tillverkarna garanterar att preparaten genomgår en rigorös reningsprocedur innan de hälls i tunnor och skeppas till ovetande konsumenter i väst. Men kan man lita på det?

Biotillgängligheten för dessa B1 (tiamin) preparat är dessutom mycket låg. Tyvärr är det ofta dessa former av B1 som det säljs mest av på apotek och i hälsokostbutiker.

Låg biotillgänglighet: Varför vissa tillskott inte fungerar

Orsaken till att vissa tillskott av B-vitaminer och magnesium inte ger effekt på RLS beror på flera faktorer. De billigare och mindre effektiva formerna av dessa tillskott, som ofta används av tillverkarna för att

200

maximera vinsterna, har låg biotillgänglighet och tas inte upp ordentligt av kroppen. När du väljer ett kosttillskott är det därför avgörande att förstå vilken form av vitamin eller mineral du faktiskt får och hur väl kroppen kan tillgodogöra sig det.

Lyckligtvis finns det potenta tillskott som gör skillnad

I nästa kapitel kommer jag att gå igenom vilka potenta och högkvalitativa varianter av B-vitaminer och magnesium som verkligen gör skillnad för RLS-symtom. Dessa produkter har högre biotillgänglighet och är utformade för att effektivt stötta

kroppens behov – något som kan vara avgörande för att lindra symtomen på ett effektivt sätt.

Kraftfulla B-Vitaminer – Ur ett RLS perspektiv

I denna text kommer jag att noggrant beskriva de mest relevanta B-vitaminerna för individer som lider av smärtproblematik, neuropati eller restless legs.

Det finns mycket mer att säga om B-vitaminer än vad jag jag tar upp här, men jag begränsar mig till att berätta om dem utifrån ett RLS-perspektiv.

Det är viktigt att känna till denna information, eftersom den kan påverka din hälsa på ett avgörande sätt. När du läser om de olika preparat jag rekommenderar kan det verka som om du behöver tömma hela hälsokostbutiken. Riktigt så illa är det inte, även om vissa tillskott kommer att vara nödvändiga.

Det är också bra att känna till att vissa typer av B1-vitaminer inte finns i vanliga hälsokostbutiker, utan måste beställas online. I vissa fall kan det till och med vara nödvändigt att beställa dem från utlandet. Har du problem att hitta det du behöver kan du mejla mig så hjälper jag dig. Kontaktinfo finns i början av boken.

När vitaminerna började göra skillnad

Jag började ta tre olika sorters B1, metylerade B-vitaminer, tre sorters magnesium och D-vitamin. Efter 20 år med svår restless legs märkte jag stora förändringar inom 2–3 veckor:

• Muskel- och ledsmärtan försvann helt.

• 70 % av mina restless legs-symtom försvann.

• Trötthet och huvudvärk minskade kraftigt.

• Stickningar i armar och ben avtog.

• Jag började sova hela nätter utan avbrott.

• Jag kan nu se på TV utan att behöva sitta och massera mina vader.

• För första gången på tio år kan jag ta en "tupplur" utan att vakna efter 10 minuter av krypningar.

Det kan bara beskrivas som ett mirakel.

Min återhämtning fortsätter

Efter år av behandling med olika mediciner, inklusive opiater, är jag övertygad om att det finns hopp för dig som lider av restless legs eller fibromyalgi. För mig tog det bara två veckor att se en betydande förbättring, och resultaten håller i sig. Kraftfulla B-vitaminer, D-vitamin och magnesium i rätt doser kan verkligen förändra ditt liv.

Megadoser – därför kan högre doser behövas i början

I vissa fall kan megadoser, vilket syftar på högre doser än vanligt, vara nödvändiga för att snabbt rätta till näringsbrister och stödja kroppens läkningsprocess. När kroppen har gått länge med brist på ett viktigt näringsämne, kan den ha svårt att återställa sina nivåer med enbart de vanliga rekommenderade dagliga intagen (RDI). Genom att inledningsvis ta en större dos kan man hjälpa kroppen att snabbare komma upp till en optimal nivå.

Det är viktigt att notera att detta inte innebär att man ska överkonsumera näringsämnen på lång sikt. Högre doser är ofta en tillfällig lösning och bör justeras när balansen har återställts. Överdriven konsumtion av vissa vitaminer och mineraler kan vara skadligt. Rådgör alltid med en läkare innan du tar doser som överstiger det rekommenderade dagliga intaget.

Jag kallar dem "Super-B-vitaminer"

Forskning har visat att vissa syntetiska varianter av B-vitaminer kan ha stor effekt på olika sjukdomstillstånd, främst neurologiska symtom och sjukdomar med olika former av smärtproblematik som till exempel fibromyalgi.

Super B-vitaminer, järn, D-vitamin och magnesium

Nu ska jag börja beskriva mirakelpreparaten. De som helar din kropp och befriar dig från sjukdom och smärta.

B1 – tiamin får väldigt mycket utrymme i den här texten. Det beror på unika egenskaper hos vissa former av tiamin. Om du lider av RLS/WED, bör några varianter av B1 ha en given plats på din köksbänk, några burkar som du öppnar ett par gånger dagligen. Rätt preparat och i rätt dos är det som gör skillnaden.

Kraftfulla molekyler

En värld av avancerad näring som går bortom det vanliga. Unika japanska B-vitaminvarianter som revolutionerar olika aspekter av vår hälsa. Upptäck hur dessa kraftfulla molekyler kan optimera kroppens biokemi och stödja vitala funktioner, inklusive vår nervhälsa.

Trots mitt hälsointresse tyckte jag tidigare att B-vitaminer var ointressanta. Efter att jag av en slump börjat läsa om olika varianter av tiamin (vitamin B1) blev jag besatt av dessa molekyler.

Ju mer man läser om B-vitaminer desto tydligare blir deras betydelse. Det är inte bara B1 som kan göra underverk – resten av B-vitaminfamiljen spelar också avgörande roller för vår hälsa och välmående

Vitaminernas "go-to-guy"

B-vitaminer går ofta under radarn för de flesta av oss. Inte ens när jag var liten tjatade någon om B-vitaminer. AD droppar och C-vitaminer var i fokus, som bäst. Det är på tiden att deras betydelse lyfts fram.

På basketspråk skulle man kunna beskriva B-vitaminen som en "Go-to-guy", ungefär "fixaren". Den spelare i laget som reder upp kniviga situationer, som alltid levererar under press, eller sätter sista avgörande skottet i matchen och som ger laget energi både på och utanför planen.

Tillräckligt med B-vitamin och omvandling av B-vitaminer till aktiv form är lika viktig för hälsan som att ha en "go-to-guy" i sitt lag. Oftast är det skillnaden mellan att vinna och förlora.

Aktiv Form – ett måste

För att uppnå önskad effekt med B-vitamintillskott är det viktigt att välja former med hög biotillgänglighet. Biotillgänglighet avser hur väl kroppen kan absorbera och använda ett näringsämne. Dessutom, för optimal absorption av B-vitaminer, är det ofta nödvändigt med en kombination av olika typer av B-vitaminer tillsammans med magnesium som hjälper till att omvandla dem till deras aktiva former för maximalt upptag.

Konverteringen till aktiv form är viktigare än du tror. Om kroppen inte konverterar vissa B-vitaminer till aktiv form, utsöndras de ur kroppen.

B-vitaminfamiljen med syskon och oäktingar

B-vitaminfamiljen är stor. I grunden består den av åtta olika vattenlösliga vitaminer. Dessutom har B-vitaminerna ett stort antal syntetiska varianter, eller "syskon", alla med olika egenskaper och kvaliteter. Vissa är till och med specialdesignade för olika medicinska ändamål.

Familjen består även av inofficiella B-vitaminer, som få har hört talas om. Det är "oäktingar" som över tid av olika skäl har förlorat sin status som vitaminer.

Här kommer jag kort beskriva egenskaperna hos de viktigaste B-vitaminvarianterna för oss med RLS/WED.

Japanska syntetiska varianter av B1-vitaminer (tiamin)

På 1950- och 60-talet utvecklade japanska forskare syntetiska varianter av B-vitaminer med hög biotillgänglighet och helande egenskaper. Verkliga samuraj-vitaminer – en dold skatt inom näringslära.

Potenta varianter av B1 utvecklade i japanska laboratorier

Det finns ungefär 26 former av vitamin B1, både naturligt förekommande och syntetiska, bland annat utvecklade i japanska laboratorier för olika medicinska ändamål.

Några exempel på avancerade varianter av B1 är benfotiamin, fursultiamin och olika derivat av tiamindisulfid, som har utformats för att förbättra biotillgängligheten och klinisk effekt.

Helt enkelt mirakel på burk.

Vad är vitamin B1?

B1 är egentligen ett enzym som fungerar som ett koenzym och spelar en viktig roll vid metabolismen av fett och kolhydrater, det är också viktigt för hjärnans och det centrala nervsystemets normala funktion.

209

Alla celler i kroppen är beroende av B1 för nedbrytningen av glukos och sedan omvandling till energi. B1 är viktigt även för en normal muskelfunktion och för att överföringen av nervsignaler ska fungera.

Synergister och antagonister

Det finns ämnen som främjar eller motverkar upptaget av B1, kallade synergister och antagonister.

Det är inte alltid enkelt att få i sig tillräckligt genom kosten, men det är viktigt att försöka inkludera naturliga B1-källor i din kost.

B1– tiamin och Restless legs

Tiamin är viktigt för långsiktig behandling av restless legs och andra neurologiska problem. För att få bästa resultat är det viktigt att förstå vilka former av B1 som är mest effektiva och hur de bör doseras. Till exempel bör du dosera järn och B1 på olika sätt för att maximera effekten vid behandling av RLS.

Det är även bra att känna till att många varianter av B1-vitamin och magnesium är nästan verkningslösa.

Japans genombrott inom vitamin B1

I början av 1900-talet gjorde den japanske läkaren Umetaro Suzuki en banbrytande upptäckt: en substans i brunt ris som kunde bota beriberi, vilket senare identifierades som vitamin B1. Denna upptäckt lade grunden för fortsatt forskning inom biokemi och nutrition i Japan.

Karate, Sumo och vitamin B1 (Tiamin)

Karate, judo, sumo, kendo och flera andra kampsporter har sitt ursprung i den japanska kulturen. Efter andra världskriget tog den japanska mentala styrkan och strävan efter perfektion även plats i forskningslaboratorierna. Japan genomgick en snabb teknologisk och industriell utveckling, vilket ledde till betydande investeringar i forskning.

Japanska forskare blev snabbt framstående inom den globala studien av vitamin B1 och etablerade landet som en ledande aktör inom området. År 1929 tilldelades en holländsk forskare Nobelpriset för upptäckten av vitamin B1, och kort därefter skapade amerikanen R.R. Williams den första syntetiska varianten, kallad tiamin.

Dessa syntetiska former har extremt hög biotillgänglighet

Under 1950- och 60-talen intensifierades forskningen i Japan med fokus på att utveckla syntetiska former av tiamin med förbättrad

211

biotillgänglighet, vilket innebär att de lättare absorberas av kroppens vävnader, inklusive nervvävnaden. Detta har resulterat i en rad specialiserade B1-varianter med specifika egenskaper och användningsområden, vilka har blivit viktiga verktyg inom olika medicinska behandlingar.

Syntetiska B1-varianter med unika egenskaper

Bland dessa innovativa former finns varianter som kan passera blod-hjärnbarriären och öka frisättningen av dopamin, andra som effektivt behandlar neuropatisk smärta, och en som har blivit populär som en "smart drug" bland studenter. En variant av B1 ökade muskelstyrkan i händerna med över 10 % hos japanska friidrottare i en vetenskaplig studie.

Det finns flera kända former av vitamin B1 (tiamin), både naturligt förekommande och syntetiska, som används för olika medicinska och näringsmässiga ändamål.

Jag har identifierat 26 varianter av tiamin B1, alla med olika egenskaper och skiftande kvalitet.

B1 Tiamin för olika ändamål

Sammanfattningsvis finns många kända former av vitamin B1, både naturliga och syntetiska, alla med unika egenskaper. De olika formerna av tiamin används för olika ändamål beroende på behovet av absorption, platsen för tänkt verkan (som i centrala nervsystemet), och andra faktorer som påverkar patientens hälsa och behandlingsmål. Varje form har sina unika egenskaper och fördelar.

B1 i naturliga livsmedel

Tiaminrika livsmedel är bland annat fullkornsprodukter, fläskkött, nötter och frön, baljväxter, lever, ägg och näringsjäst.

Synergister

Magnesium behövs i kroppen för att vitamin B1 ska omvandlas till sitt biologiskt aktiva koenzym. Det är klokt att ta magnesium samtidigt som B1 för optimal effekt.

Även vitamin E, C, B2, B3 och B6 främjar kroppens upptag av B1.

Antagonister

Det finns vissa ämnen som du bör undvika att ta samtidigt som B1. Detta inkluderar blåbär, brysselkål, rödkål, kaffe, te och alkohol.

Alkohol och kaffe tömmer kroppen på tiamin. Samma sak gäller för vissa läkemedel såsom vätskedrivande mediciner, sulfa, östrogen och magsårsmediciner.

Alkohol minskar absorptionen av tiamin från kosten med minst 50 procent och kan skada slemhinnan i tarmkanalen, vilket leder till ytterligare malabsorption. Alkohol och kaffe stör även den viktiga processen metylering.

Matlagning och B1

Höga temperaturer förstör B1. Upphettning över 100 grader kan minska tiaminhalten i maten med upp till 60 %, så försök tillaga mat skonsamt för att bevara näringsvärdet.

Mindre doser flera gånger dagligen

Forskning visar att kroppens upptag av tiamin påverkas både av dosens storlek och hur ofta den tas. Till skillnad från exempelvis järn bör B1 tas i mindre doser flera gånger dagligen för bättre effekt. Stora megadoser är mindre effektiva.

Intravenöst och intramuskulärt

Det är inte vanligt, men intravenös eller intramuskulär administration är ett effektivt sätt att öka upptaget av B1. Tiamin är smärtstillande, och på 1950-60-talet använde många amerikanska tandläkare tiamininjektioner i munhålan för att behandla nervsmärta och som bedövning. Det fanns även amerikanska läkare som framgångsrikt lindrade MS-symtom med intramuskulära injektioner. Dessa resultat kan endast uppnås genom injektioner.

Smärtstillande egenskaper

Jag tar ibland en tiamincoctail mot nervsmärta med mycket goda resultat. Nervsmärta är inte alltid lätt att döva med medicinska smärtstillande läkemedel. En kombination av olika B1 preparat har visat sig göra jobbet mer än väl.

Jag brukar ta sulbutiamin, benfotiamin och TTFD, ca 5-7 kapslar som motsvarar cirka 1 200 -1 700 mg B1. Ja, jag vet att det är en ganska hög dos. Men jag har aldrig mått dåligt av det, tvärtom, jag upplever det i allra högsta grad hälsobefrämjande.

Av dessa tre typer av B1 verkar benfotiamin och TTFD ha bäst smärtstillande egenskaper.

Dock ska gravida kvinnor inte ta mer än 100 mg per dygn.

Benfotiamin

Benfotiamin är en annan syntetisk variant av tiamin, med exceptionellt hög biotillgänglighet. Det är en effektiv produkt som används framgångsrikt mot diabetesneuropati och skyddar njurarna genom att spela en viktig roll i energimetabolismen och nedbrytningen av sockerarter, vilket minskar den metaboliska stressen.

Benfotiamin har visat sig vara mer effektivt än naturligt tiamin när det gäller att motverka diabetiska komplikationer som neuropati och nefropati. Nefropati är en njurskada som uppstår när blodsockret har varit för högt under en längre tid.

TTFD – Tiamintetrahydrofurfuryldisulfid

Jag har försökt flera gånger att uttala det fullständiga namnet för att framstå som kunnig och beläst, men det slutar alltid med att jag använder kortformen TTFD.

TTFD är en avancerad syntetisk variant av B1 med extremt hög biotillgänglighet. TTFD har dessutom en påvisad förmåga att passera blod-hjärnbarriären och öka tiaminnivåerna i hjärnan och centrala nervsystemet.

Den är mer fettlöslig än andra former av tiamin, vilket leder till bättre absorption i kroppens vävnader, inklusive nervvävnad. I en studie gjord på möss ökade TTFD dopaminfrisättningen i hjärnan och ökade aktiviteten hos dopaminreceptorerna Det kan vara betydelsefullt för oss med restless legs.

Viss forskning har föreslagit att TTFD har neuroprotektiva effekter på grund av dess antioxidativa egenskaper och förmåga att stödja mitokondriell funktion.

I en japansk dubbelblindstudie observerades att friidrottare som fick 150 mg TTFD per dag kunde öka sin muskelstyrka i händerna med upp till 10 %.

Sulbutiamin

Sulbutiamin är en annan variant av tiamin (B1), även den utvecklad i Japan, med hög biotillgänglighet. Förutom de vanliga egenskaperna hos B1-vitamin har Sulbutiamin även andra unika egenskaper. I Frankrike används Sulbutiamin för att behandla trötthet och utmattningssymtom. Sulbutiamin är också känt som en "nootropisk" eller "smart drog" som används för att förbättra hjärnans funktioner, vilket gör den populär bland studenter som vill öka sin prestation och fokus.

Jag har också märkt att sulbutiamin har smärtstillande egenskaper och är särskilt effektivt mot nervsmärta i högre doser.

Varianter av B1 med hög biotillgänglighet kräver mindre doser för att uppnå samma effekt.

En paradoxal reaktion

En del personer upplever en så kallad "paradoxal reaktion". Detta innebär att om du under en längre tid haft brist på B-vitaminer kan du uppleva att du mår sämre när du börjar ta tillskott av B-vitaminer. Dessa symtom, som trötthet, huvudvärk och en allmän känsla av obehag, brukar försvinna efter en vecka.

Sammanfattningsvis finns det många varianter av B1, men det gäller att välja rätt form och dosering för att effektivt behandla restless legs och andra nervrelaterade problem.

Vitamin B1: Nyckeln till nervreparation och återhämtning

Vitaminerna B1, B3, B6, B7 och B12 spelar en viktig roll för att inte bara stödja en sund nervfunktion, utan även för att reparera nervskador.

Särskilt B1, B6 och B12 är kända för att kunna bidra till behandling av neuropatisk smärta.

Det finns rapporter som visar att en kombination av B1 och B12 kan lindra, och i vissa fall till och med eliminera, symtom på RLS. I min egen behandling är ett B-vitaminkomplex, med fokus på höga doser av B1 centralt. Vissa rekommenderar också att kombinera tiamin med agmatin, vilket beskrivs längre fram i boken.

Jag har hört en läkare tala om hur han framgångsrikt använt benfotiamin i kombination med alfa-liponsyra (ALA) för att behandla neuropatiska symtom med goda resultat.

Hjälper vitamin B1 mot restless legs syndrom (RLS)?

Ja, i många fall. Men som tidigare nämnts är RLS en multifaktoriell sjukdom, och det som fungerar för en person kanske inte fungerar för en annan. B1-vitaminer av hög kvalitet och med hög biotillgänglighet är dock avgörande för att lindra symtom på RLS. Även om B1 inte ensamt kan bota sjukdomen, utgör det en viktig komponent i en effektiv behandling när det kombineras med andra preparat.

Jag rekommenderar benfotiamin, TTFD och sulbutiamin.

Sammanfattning av vitamin B1

B1 är ett nyckelpreparat för långsiktig behandling av RLS.

Skyddar nervceller och förebygger nervskador.

Benfotiamin, TTFD och sulbutiamin är högbiotillgängliga former med nervreparerande egenskaper.

Verkar smärtstillande och stödjer nervsystemet.

TTFD passerar blod-hjärnbarriären och ökar tiaminhalten i hjärnan och centrala nervsystemet.

Stöder nervsignalering och motverkar diabetiska nerv- och njurkomplikationer.

Neuropati eller RLS med nervsmärta

Ta B1 tillsammans med ett magnesiumtillskott av hög kvalitet, som magnesium malat, magnesiumtreonat eller magnesiumbisglycinat. Kombinera benfotiamin med liposomal ALA för att behandla neuropatiska tillstånd.

Benfotiamin, agmatin och ALA är en effektiv kombination mot neuropatisk smärta.

Till skillnad från järn bör B1 tas i mindre doser flera gånger om dagen för bästa effekt. Det ger bättre effekt än stora megadoser.

220

Om du konsumerar kaffe, alkohol, mycket kolhydrater eller tar vissa mediciner, kan du behöva justera din dagliga dos av B1.

Potenta B1-former, som benfotiamin och TTFD, har visat sig vara effektiva för att lindra restless legs-symtom genom att stödja nervreparation och förbättra nervfunktionen.

Att kombinera dessa med magnesium och andra näringsämnen kan ge långsiktig lindring. För många med RLS kan rätt B1-tillskott vara avgörande för en effektiv behandling.

Vitamin B2 – Riboflavin – Bränslet för dina nerver

Riboflavin är avgörande för kroppens energiproduktion eftersom det omvandlar kolhydrater, fetter och proteiner till energi. Utan tillräckliga mängder av riboflavin kan kroppen inte effektivt använda den energi som kommer från maten vi äter.

Stöder Nervsystemet

Likt tiamin är riboflavin viktigt för nervsystemets funktion och hjälper till att upprätthålla god nervhälsa. Det bidrar till produktionen av neurotransmittorer, som överför signaler mellan nervceller, och är även viktigt för ögon- och hudhälsa.

Olika former av vitamin B2

Vitamin B2, även känt som riboflavin, har flera viktiga varianter och derivat som spelar avgörande roller i kroppens biokemiska processer. Här är de mest kända varianterna av vitamin B2:

1. Riboflavin

Riboflavin är den mest grundläggande formen av vitamin B2. Det fungerar som en prekursor för de mer aktiva formerna av vitaminet som kroppen använder i metaboliska reaktioner.

Riboflavin är vattenlösligt och fungerar som ett koenzym i kroppens energiproduktion, särskilt i mitokondrierna.

2. Flavinmononukleotid (FMN)

FMN, även kallad riboflavin-5'-fosfat, är en fosforylerad form av riboflavin. Den omvandlas från riboflavin i kroppen och är en av de viktigaste aktiva formerna.

FMN fungerar som ett koenzym i flera enzymatiska reaktioner, inklusive i andningskedjan i mitokondrierna, där det hjälper till att producera ATP, kroppens primära energikälla.

3. Flavinadenindinukleotid (FAD)

FAD är en annan aktiv form av riboflavin och en kraftfull elektronbärare i många biokemiska processer.

Det fungerar som ett koenzym i oxidations-reduktionsreaktioner i kroppen, särskilt i citronsyracykeln och elektrontransportkedjan, och är viktigt för energiomsättningen.

4. Riboflavin-5-fosfat

Detta är en fosforylerad version av riboflavin som finns i många kosttillskott och är lättare för kroppen att absorbera än vanligt riboflavin.

Det är en direkt föregångare till FMN och används i kliniska sammanhang för att korrigera riboflavinbrist.

B2 i aktiv form – hög biotillgänglighet

FMN (riboflavin-5-fosfat) har högre biotillgänglighet än vanligt riboflavin, vilket gör det lättare för kroppen att använda. FMN är särskilt användbart i medicinska och näringstillskott, särskilt för personer med genetiska variationer som påverkar absorptionen, såsom MTHFR-genvariationer.

FMN är inte exakt "metylerad" i traditionell bemärkelse, men det är en biokemiskt aktiverad form av riboflavin som har fosforylerats, vilket ökar dess användbarhet i kroppen

Brist på B2 och nervhälsa

Brist på riboflavin kan leda till nervskador med symtom som brännande känsla i händer och fötter, darrningar, svaghet och domningar. Dessutom kan bristen påverka humöret, vilket leder till depression, nervositet och irritabilitet. B2 spelar även en viktig roll i kroppens antioxidantförsvar och har visat sig hjälpa vid vissa neurologiska tillstånd.

Riboflavin är viktigt för vitamin B6 och lindring av migrän

Riboflavin hjälper till att omvandla tryptofan till niacin (B3) och aktiverar vitamin B6. Forskning har visat att B2 är effektivt vid behandling av migrän.

Livsmedel som innehåller mycket riboflavin

Riboflavin finns naturligt i livsmedel som:

Kött och inälvsmat

Mjölkprodukter, särskilt ost

Ägg

Gröna bladgrönsaker

Bönor och baljväxter

Nötter och frön

Överkonsumtion av vitamin B2

Det finns inga kända risker med att överkonsumera vitamin B2 (riboflavin), eftersom det är vattenlösligt och kroppen utsöndrar överskottet via urinen. Det rekommenderade dagliga intaget (RDI) för vuxna är 1,1–1,3 mg per dag. Även om det inte finns någon fastställd toxisk dos, är det känt att upp till 300–400 mg kan tas utan skadliga effekter. Detta är dock betydligt högre än det rekommenderade intaget.

Sammanfattning av vitamin B2

Vitamin B2 (riboflavin) spelar en viktig roll i nervhälsa och kan påverka Restless Legs Syndrom (RLS). B2 är avgörande för energiproduktion i cellerna och fungerar som en koenzym i olika metaboliska processer, inklusive omvandlingen av andra B-vitaminer till deras aktiva former. För nervhälsa bidrar B2 till att skydda nervceller från oxidativ stress.

Även om forskning om direkt koppling mellan B2 och RLS är begränsad, kan brist på B2 leda till trötthet och nervrelaterade problem, vilket indirekt kan förvärra symtomen på RLS.

Vitamin B3 – Niacin: Allt du behöver veta

Vitamin B3 är avgörande för energiomsättning och nervsystemets funktion, och det förbättrar blodcirkulationen genom att vidga blodkärlen. Det finns två huvudsakliga former av vitamin B3: en naturlig och en syntetisk. Den syntetiska formen används ofta i kosttillskott eftersom den inte orsakar "flushing" – den rodnad i ansiktet som ibland uppstår vid intag av niacin.

Jag föredrar den naturliga formen av vitamin B3, eftersom jag upplever att den har en positiv effekt på min blodcirkulation.

Olika varianter av vitamin B3

Nikotinsyra: Denna form används ofta för att sänka kolesterolnivåer. Den kan minska LDL (det "dåliga" kolesterolet) och triglycerider samt öka HDL (det "goda" kolesterolet). En bieffekt av nikotinsyra är "flushing", en varm rodnad på huden som är ofarlig och försvinner inom 30–60 minuter.

Nikotinamid (Niacinamid): Används i kosttillskott och hudvård. Nikotinamid påverkar inte blodlipidnivåerna och orsakar inte rodnad, vilket gör det till ett populärt val för hudbehandlingar och allmän hälsa.

Andra B3-relaterade föreningar

NAD (Nikotinamidadenindinukleotid)

NADP (Nikotinamidadenindinukleotidfosfat)

Även om dessa inte är former av vitamin B3, är de viktiga derivat som bildas från niacin i kroppen. De spelar centrala roller i cellens energiproduktion och andra redoxreaktioner i metabolismen. NAD och NADP är viktiga för kroppens energimetabolism, DNA-reparation och underhåll av hudens hälsa.

NAD: En nyckelspelare i cellmetabolismen

NAD är en avgörande kofaktor och energibärare i cellernas metabolism. Det finns i två former: NAD+ (oxiderad) och NADH (reducerad). NAD är avgörande för flera biokemiska processer som är nödvändiga för att upprätthålla liv. På grund av NAD centrala roll i metabolismen har forskningen om dess betydelse för hälsa och åldrande ökat, särskilt inom området för åldersrelaterade sjukdomar.

Sammanfattningsvis är NAD en viktig del av kroppens cellmetabolism och spelar en avgörande roll i energiproduktionen och bevarandet av genetisk och cellulär integritet. Det är därför en viktig komponent för att bibehålla hälsa och förebygga sjukdomar.

Möjliga kopplingar mellan vitamin B3 och restless legs (RLS)

Neurologisk Funktion: Vitamin B3 är viktigt för nervsystemets hälsa och kan potentiellt påverka symtom relaterade till neurologiska störningar som RLS.

Energiomsättning: Eftersom B3 hjälper till att omvandla näringsämnen till energi, kan tillräcklig energitillförsel till muskler och nerver bidra till att lindra RLS-symtom.

Blodflöde: B3 vidgar blodkärlen, vilket kan förbättra cirkulationen och potentiellt minska symtom kopplade till dålig blodcirkulation, något som ibland diskuteras i samband med RLS.

Metylering: Även om B3 inte är en direkt metyldonator, spelar det en viktig roll i produktionen av NAD och NADP, vilket stöder kroppens metaboliska funktioner och kan främja en hälsosam metyleringsmiljö. Att säkerställa ett adekvat intag av alla B-vitaminer är avgörande för optimal funktion av kroppens metyleringscykler och andra metabola processer.

Vitamin B4 – Adenin och Kolin

Adenin och kolin är viktiga för kroppens funktioner som energiproduktion, cellstruktur och neurotransmission. Det är dock viktigt att notera att "Vitamin B4" inte längre erkänns som ett officiellt vitamin i modern näringslära. Historiskt användes termen för att beskriva adenin, men idag klassificeras det inte som ett vitamin.

Vitamin B5 – Pantotensyra

Vitamin B5, även känt som pantotensyra, är ett essentiellt näringsämne som spelar en central roll i kroppens energiomsättning. Brist på B5 har kopplats till tillstånd som Burning Feet Syndrome, vilket kännetecknas av neurologiska symtom, som stickningar eller en brännande känsla i fötterna. Detta syndrom har historiskt förknippats med brist på flera B-vitaminer.

Hur B5-brist kan påverka hälsan

Nervfunktion: B5 är nödvändigt för syntesen av koenzym A, vilket är avgörande för energiproduktion och fettsyrametabolism. Eftersom både energi och fettsyror är viktiga för nervcellernas funktion, kan en brist på vitamin B5 försämra nervfunktionen och bidra till symtom som Burning Feet Syndrome.

Restless Legs Syndrom (RLS): RLS har ofta både neurologiska och metaboliska orsaker. Även om brist på B5 sällan är den främsta orsaken, kan det förvärra symtomen.

Hormonell påverkan: Pantotensyra är även nödvändig för produktionen av hormoner i binjurarna. Hormonella obalanser vid B5-brist kan indirekt påverka nervsystemet och förvärra symtom.

Reflektion

Både adenin (tidigare känt som "Vitamin B4") och pantotensyra (Vitamin B5) spelar viktiga roller för kroppens nervhälsa. Adenin bidrar till cellstruktur och neurotransmission, medan pantotensyra är avgörande för energiproduktion och hormonreglering, vilket stöder nervcellernas funktion.

Brist på vitamin B5 kan försämra nervfunktionen och leda till symtom som Burning Feet Syndrome, vilket understryker vikten av att upprätthålla ett balanserat näringsintag för optimal nervhälsa.

Vitamin B6 – Pyridoxin: En nyckel till neurologisk och immunologisk hälsa

Vitamin B6 är avgörande för hjärnans funktion och utveckling. Det är nödvändigt för syntesen av neurotransmittorer som serotonin, dopamin och GABA (gamma-aminosmörsyra), som påverkar humör, sömn och kognitiv funktion.

Vitamin B6 – En väsentlig spelare i kroppens vitala funktioner

Proteinmetabolism

Vitamin B6 spelar en nyckelroll i proteinmetabolismen genom att hjälpa till att bryta ner proteiner och frigöra aminosyror, vilka används för att bygga nya proteiner och stödja kroppens vitala funktioner.

Neurotransmittersyntes

B6 är avgörande för produktionen av neurotransmittorer, som serotonin, dopamin och GABA. Dessa kemiska budbärare reglerar humör, sömn och olika neurologiska processer.

Hemoglobinsyntes

Vitamin B6 är involverat i bildandet av hemoglobin, proteinet som transporterar syre i röda blodkroppar. B6 hjälper järnet att binda till protoporfyrin för att bilda hemoglobin. Brist på B6 kan leda till mikrocytisk anemi, där de röda blodkropparna är för små för att effektivt transportera syre.

Immunfunktion

B6 stöder immunförsvaret genom att främja produktionen av antikroppar, vilket hjälper kroppen att bekämpa infektioner

Energiomvandling

Vitamin B6 spelar en viktig roll i energiproduktionen genom att frigöra glukos från glykogen och hjälpa kroppen att omvandla lagrad energi till användbar energi.

Hormonell reglering

B6 påverkar hormonaktiviteten genom att interagera med steroidhormonreceptorer, vilket bidrar till att upprätthålla hormonell balans i kroppen.

232

Omvandling till den aktiva formen

Vitamin B6 finns i tre vanliga former: pyridoxinhydroklorid, pyridoxal och pyridoxamin. Dessa måste omvandlas i levern till den aktiva formen, pyridoxal-5-fosfat (P5P), som är nödvändig för över 100 enzymatiska reaktioner, särskilt de som är involverade i aminosyrametabolismen.

P5P är den form av B6 som kroppen direkt kan använda, vilket gör den avgörande för att stödja en mängd olika funktioner som är vitala för vår hälsa.

Vissa individer kan ha svårt att omvandla B6 till aktiv form, vilket kan påverka deras förmåga att dra nytta av vitaminet på ett optimalt sätt.

Personer med genetiska variationer, exempelvis mutationer i MTHFR-genen eller relaterade enzymprocesser, kan ha svårt att omvandla vitamin B6 till dess aktiva form, pyridoxal-5-fosfat (P5P). Dessa variationer kan påverka enzymers effektivitet och därmed hämma omvandlingen av B6, vilket är nödvändigt för att kroppen ska kunna använda vitaminet effektivt i biokemiska processer.

Hälsorisker vid nedsatt omvandling av B6

Neurologiska problem

Eftersom B6 behövs för syntesen av neurotransmittorer som serotonin, dopamin och GABA, kan brist på den aktiva formen leda till depression, ångest, irritabilitet, sömnsvårigheter och humörstörningar.

Nedsatt immunfunktion

En brist på aktiv B6 kan försämra kroppens förmåga att producera antikroppar, vilket leder till ett svagare immunförsvar och ökad mottaglighet för infektioner.

Anemi

Vitamin B6 är viktigt för hemoglobinsyntesen. Brist på P5P kan orsaka mikrocytisk anemi, där de röda blodkropparna är mindre och inte effektivt transporterar syre.

Metaboliska störningar

B6 är involverat i energiproduktionen och aminosyrametabolismen. Utan P5P kan det uppstå problem med energiproduktion, vilket resulterar i trötthet, muskelsvaghet och energibrist.

Kardiovaskulära problem

B6 spelar en nyckelroll i homocysteinmetabolismen. Höga homocysteinnivåer, på grund av nedsatt B6-aktivitet, har kopplats till en ökad risk för hjärt-kärlsjukdomar, som hjärtinfarkt och stroke.

Hormonella obalanser

Eftersom B6 är involverat i hormonreglering kan brist på P5P leda till hormonobalanser, särskilt hos kvinnor, och bidra till symtom på PMS.

Lösning: B6 i aktiv form

Att tillföra B6 i dess aktiva form, pyridoxal-5-fosfat (P5P), kan vara ett effektivt sätt för personer med dessa problem att säkerställa tillräckliga nivåer av fungerande vitamin B6.

Neurotransmittersyntes

P5P är avgörande för syntesen av flera neurotransmittorer, som serotonin, dopamin, noradrenalin och GABA. Dessa kemikalier är viktiga för hjärnans funktion och reglerar humör, ångest och sömn. För optimal effekt rekommenderas därför att välja vitamin B6 i dess aktiva form, P5P.

Vitamin B6: Din allierade i kampen mot Restless legs

En blindstudie med titeln 'Therapeutic effects of magnesium and vitamin B6 in alleviating the symptoms of restless legs syndrome: a randomized controlled clinical trial' visade att kontrollgrupper som fick magnesiumoxid och vitamin B6 upplevde en minskning av symtomens svårighetsgrad samt förbättrad sömnkvalitet hos RLS-patienter.

Studien drog slutsatsen att magnesium och vitamin B6 inte botar RLS, men kan ge betydande lindring och förbättra sömnkvaliteten.

Faktorer som optimerar upptaget av vitamin B6

För att maximera effekten av vitamin B6 (pyridoxin) kan flera faktorer och näringsämnen spela en viktig roll. För att förbättra upptaget och effekten av B6 kan du inkludera dessa näringsämnen i din kost.

Magnesium

Magnesium är avgörande för att omvandla vitamin B6 till dess aktiva form, pyridoxalfosfat (P5P). Brist på magnesium kan hämma denna omvandling och därmed minska effektiviteten av vitamin B6.

Andra B-vitaminer

Vitamin B6 fungerar bäst när det finns tillräckliga nivåer av andra B-vitaminer, särskilt B2 (riboflavin), som hjälper till med omvandlingen till dess aktiva form. B-vitaminer arbetar synergistiskt och stöder varandras funktioner.

Adekvat proteinintag

Eftersom vitamin B6 spelar en viktig roll i proteinmetabolismen, krävs ett tillräckligt intag av protein för att säkerställa att kroppen har tillräckligt med aminosyror för att B6 ska kunna fungera effektivt.

Hälsosam tarmflora

Vitamin B6 absorberas i tunntarmen, och en balanserad tarmflora är avgörande för optimalt näringsupptag. En frisk tarmkanal stöder upptaget av alla vitaminer och mineraler, inklusive B6.

Alkohol

Alkohol kan störa metabolismen av vitamin B6 och minska dess biotillgänglighet. För att maximera effekten av vitamin B6 bör alkohol undvikas.

Slutsats

Metylering är en viktig biokemisk process som påverkar genreglering, avgiftning och nervfunktion. För personer med restless legs syndrom (RLS) kan metyleringsproblem förvärra symtomen, eftersom effektiv metylering behövs för att omvandla vitamin B6 till dess aktiva form, pyridoxal-5-fosfat (P5P).

237

Vitamin B6 är avgörande för produktionen av neurotransmittorer som reglerar sömn och humör. Brist på aktivt B6 kan förvärra RLS-symtomen. Genom att säkerställa tillräckliga nivåer av vitamin B6 och stödja metyleringsprocessen kan symtomen lindras och livskvaliteten förbättras för de drabbade.

B7 – Nervhälsans bästa vän

Vitamin B7, även känt som biotin, H-vitamin eller koenzym R, är ett vattenlösligt vitamin som spelar en avgörande roll för cellernas energiomsättning och bidrar till ett välfungerande nervsystem. Biotin är även viktigt för hud, hår och naglar, samt för cellsignalering och ämnesomsättningen.

Dessutom hjälper biotin till att förbättra insulinkänsligheten och blodsockerbalansen. Forskning antyder att biotin kan stimulera insulinproduktionen, vilket kan vara fördelaktigt för personer med diabetes.

Biotin används även i höga doser som en del av behandlingen för multipel skleros (MS), vilket understryker dess betydelse för nervhälsa. Den rekommenderade dagliga dosen för biotin är cirka 40 mikrogram (µg), och inga kända biverkningar förekommer vid normalt intag.

Naturliga källor till biotin är frön, nötter, baljväxter, ägg, lever, bananer och avokado.

Biotin är viktigt för:

Blodsockerkontroll

Ämnesomsättning

Ögonhälsa

Nervsystemets funktion

Biotin: Den dolda hjälten för nervsystemets funktion

Ny forskning antyder att biotin har större betydelse för hjärnans och nervsystemets hälsa än vad som tidigare trotts. Biotin bidrar till att balansera nervsystemet och är avgörande för bildandet av myelin, en fettrik substans som omger och isolerar nervtrådar. Myelinet möjliggör snabbare och mer effektiv överföring av nervimpulser.

Biotin och dess relevans för Restless Legs

Även om det inte finns specifika studier som direkt kopplar biotin till restless legs syndrom (RLS), tyder biotinets viktiga roll i nervsystemets

239

funktion på att det kan bidra till att lindra symtomen. Liksom andra B-vitaminer kan biotin vara en viktig del av en långsiktig strategi för att hantera RLS

Vitamin B8 – Inositol: För stabilt humör och hormonbalans

Trots att B8 inte tekniskt är ett vitamin utan en kolhydrat, spelar inositol en viktig roll i cellernas funktion. Det förbättrar insulinkänsligheten och hjälper till att balansera hormoner som påverkar humör och sinnesstämning. Inositol rekommenderas ofta som kosttillskott vid panikångest och för att behandla metaboliskt syndrom

Livsmedel rika på inositol inkluderar fullkornsprodukter, nötter och baljväxter.

Vitamin B9: Nyckeln till metylering och kroppens centrala processer

Vitamin B9, även känt som folat (eller folsyra i syntetisk form), är ett vattenlösligt B-vitamin som är avgörande för många av kroppens vitala processer.

Olika former av vitamin B9 – folat

Metafolin – en aktiv form av folat

Quatrefolic – en aktiv, vattenlöslig form av folat

Folsyra – syntetisk form

5-metyl-tetrahydrofolat (5-MTHF) – aktiv form av folat

5-formyltetrahydrofolat (5-FTHF) eller folinsyra

10-formyl-tetrahydrofolat (10-formyl-THF)

5,10-methylene-THF (5,10-methylene-THF)

Tetrahydrofolat (THF)

Dihydrofolat (DHF)

Folat i aktiv form – 5-MTHF

Kroppen omvandlar folat till den aktiva formen 5-MTHF, som är avgörande för metyleringsprocessen. Många människor, på grund av genetiska variationer i MTHFR-genen, har svårigheter att bilda denna aktiva form. Om du har en genetisk variation i MTHFR-genen kan det påverka din metyleringsförmåga och bidra till problem som restless legs syndrom (RLS).

Folsyra, den syntetiska formen av folat, används ofta i kosttillskott eftersom den är mer stabil och har högre biotillgänglighet än vissa former av naturligt folat.

Vitamin B9: Viktiga funktioner i kroppen

1. Celltillväxt och utveckling

Vitamin B9 är avgörande för celltillväxt och reproduktion, särskilt av röda blodkroppar (erytrocyter).

2. DNA-syntes och reparation

Folat behövs för syntes och reparation av DNA, vilket är särskilt viktigt under perioder av snabb celltillväxt, såsom graviditet och fosterutveckling.

3. Detox och hjärthälsa: Vitamin B9 och aminosyrametabolismen

Vitamin B9 spelar en central roll i omvandlingen av aminosyran homocystein till metionin, en viktig process för hjärthälsa och metabolism.

Hälsofördelar med folat: Hur vitamin B9 stärker din kropp

1. Graviditet och fosterutveckling

Ett tillräckligt folatintag är avgörande för att förebygga neuralrörsdefekter hos nyfödda. Gravida kvinnor eller de som planerar att bli gravida bör säkerställa att de får tillräckligt med folat.

2. Hjärthälsa

Vitamin B9 kan minska risken för hjärt-kärlsjukdomar genom att reglera homocysteinnivåerna i blodet.

3. Kognitiv funktion

Folat bidrar till att upprätthålla en god kognitiv funktion och kan minska risken för neurodegenerativa sjukdomar.

Naturliga och Berikade Källor till Vitamin B9

Naturliga källor

Vitamin B9 finns naturligt i bladgrönsaker som spenat och grönkål, samt i frukter som citrusfrukter och bananer, bönor och fullkorn.

Berikade livsmedel och tillskott

Många länder berikar spannmålsprodukter med folsyra för att förebygga folatbrist.

Rekommenderat intag

Det dagliga behovet av folat varierar beroende på faktorer som ålder, kön och graviditet. Det är viktigt att rådfråga en läkare för att fastställa ditt optimala intag. Brist på folat kan leda till allvarliga hälsoproblem, inklusive anemi, nedsatt immunfunktion och komplikationer under graviditet. Det är därför viktigt att upprätthålla tillräckliga nivåer av vitamin B9 för att bevara hälsan.

Vitamin B9 – Aktiv form (5-MTHF)

Kroppen kan använda den aktiva formen av folat, 5-metyl-tetrahydrofolat (5-MTHF), direkt, utan att behöva omvandla det från andra former av folat eller folsyra. 5-MTHF är särskilt viktigt för

244

metyleringscykeln i kroppen, som bland annat inkluderar DNA-syntes, reparation, genreglering, produktion av neurotransmittorer och avgiftning.

Eftersom 5-MTHF redan är aktivt, kan kroppen använda det direkt. Detta är särskilt värdefullt för personer med genetiska variationer, såsom MTHFR-mutationer, som kan ha nedsatt förmåga att omvandla folsyra till dess aktiva form.

Rekommendation

Om du lider av restless legs syndrom (RLS) rekommenderas tillskott med folat i aktiv form, 5-MTHF. För personer med MTHFR-variationer och nedsatt metylering kan ett B-vitaminkomplex med metylerat folat vara avgörande. Förutom tillskott är det bra att inkludera mer bladgrönsaker och ägg i kosten, eftersom vitaminerna B2, B6 och B12 också stöder metyleringen.

Den rekommenderade dagliga dosen av folsyra är 400 mikrogram, och upp till 600 mikrogram för gravida kvinnor. Zink kan dessutom förbättra absorptionen av folat och stödja metyleringscykeln.

Metyleringens magi: B9 och nyckeln till RLS och nervhälsa

Sammanfattningsvis spelar vitamin B9 en avgörande roll i kroppens metylering, som är central för DNA-syntes och

245

neurotransmittorreglering. Folatbrist kan leda till en rad hälsoproblem, inklusive neurologiska symtom som smärta och restless legs. Genom att förstå kopplingen mellan folat, metylering och RLS kan vi bättre hantera de underliggande orsakerna till dessa symtom.

För personer med genetiska variationer som påverkar folatmetabolismen, såsom MTHFR-mutationer, kan tillskott med 5-MTHF och andra B-vitaminer ge betydande lindring. Att optimera folatnivåerna kan därmed vara nyckeln till att minska smärta och förbättra livskvaliteten.

Vitamin B12: Nyckeln till energi och nervsystemets hälsa

Kobalamin (Vitamin B12) – funktioner och hälsomässiga fördelar

Kobalamin, även känt som vitamin B12, är ett vattenlösligt vitamin som spelar en avgörande roll i flera av kroppens centrala funktioner. Det bidrar till produktionen av röda blodkroppar och stöder nervsystemets hälsa genom att upprätthålla bildningen av myelin, det skyddande lagret runt nerverna. Namnet kobalamin kommer från vitaminets innehåll av grundämnet kobolt.

Vitamin B12: Kroppens motor för blod och nervfunktion

Produktion av röda blodkroppar

Vitamin B12 är nödvändigt för produktionen av röda blodkroppar. Brist på B12 kan leda till megaloblastisk anemi, där benmärgen producerar stora och onormala blodkroppar. Detta kan orsaka symtom som trötthet, svaghet och andfåddhet.

247

Stöd för nervsystemet

Vitamin B12 hjälper till att upprätthålla myelinskidan, som skyddar nervfibrerna och är nödvändig för snabb och effektiv nervsignalering. Brist på B12 kan orsaka neurologiska problem, inklusive domningar, stickningar i extremiteterna, muskelkontraktioner, balansproblem och kognitiva svårigheter som minnesförlust och förvirring.

Mentalt välbefinnande

B12-brist kan också påverka den mentala hälsan, med symtom som ångest och depression. Metylkobalamin, en aktiv form av B12, är särskilt viktig för produktionen av neurotransmittorer som serotonin och dopamin, vilka bidrar till att reglera humör och emotionell balans.

Personer med MTHFR-varianter

För personer med genetiska mutationer, som påverkar kroppens förmåga att metabolisera B12, kan tillskott av metylkobalamin vara avgörande. Metylkobalamin är den aktiva formen av B12 och är särskilt lämplig för personer med dessa genetiska variationer.

B12-brist som en viktig differentialdiagnos vid RLS

Vitamin B12-brist är en viktig differentialdiagnos vid restless legs syndrom (RLS). Vid utredning av RLS-symtom bör en av de första

248

åtgärderna vara att kontrollera för B12-brist, eftersom denna brist kan orsaka liknande symtom.

Symtom på B12-brist

Brist på B12 kan leda till en rad olika symtom, inklusive:

Blodbrist (anemi)

Trötthet och svaghet

Kärlkramp

Smärta i ben och vader

Nedsatt känsel, domningar och stickningar i armar och ben

Depression och demens

Kan B12-tillskott hjälpa mot RLS?

Ja, många personer har rapporterat förbättrade RLS-symtom efter att ha tagit B12-tillskott. Ett populärt tillskott, "Neuremedy", innehåller både B1 (tiamin) och B12. Vissa individer upplever också symtomlindring genom att kombinera B1 och B12 med folsyra (B9).

Genetisk testning

Genetisk testning kan hjälpa till att identifiera mutationer som påverkar kroppens förmåga att metabolisera B12 och vitamin D3. Genom att känna till våra genetiska förutsättningar kan vi bättre anpassa vår kost och våra tillskott efter våra individuella behov.

Reflektion

Vitamin B12 är avgörande för vår hälsa och välbefinnande. En brist på detta vitamin kan orsaka allvarliga hälsoproblem, inklusive anemi, neurologiska störningar, mentala hälsoproblem, muskelsvaghet och nedsatt immunförsvar. Genom att identifiera och hantera B12-brist, särskilt med hänsyn till genetiska faktorer, kan vi optimera vår hälsa och förbättra vår livskvalitet.

B-vitaminer: Den centrala byggstenen för ett friskt nervsystem

Utan de viktiga B-vitaminerna kan hjärnan och nervsystemet inte fungera optimalt. Dessa vitaminer spelar en avgörande roll i syntesen av signalsubstanser som serotonin, dopamin och GABA, vilka är nödvändiga för att reglera humör, sömn och motoriska funktioner. Dessutom bidrar de till att upprätthålla hälsan hos huden, håret, ögonen, munnen och levern.

Långvarig brist på B-vitaminer och neurologiska problem

B-vitaminer har fler funktioner än vad som kort nämnts här. Fokus ligger särskilt på de B-vitaminer som kan vara relevanta för personer med restless legs. Det finns indikationer på att restless legs delvis kan bero på en långvarig brist på B-vitaminer, magnesium och vitamin D.

Rekommenderat dagligt intag – Är det tillräckligt?

De rekommenderade dagliga intagen (RDI) för B-vitaminer anger ofta den minsta mängden för att undvika brist, men det motsvarar inte alltid hur mycket varje individ faktiskt behöver. Livsstilsfaktorer som processad mat, utarmade jordar samt kaffe, te och alkohol kan minska kroppens förmåga att tillgodogöra sig B-vitaminer och andra viktiga näringsämnen.

Neurologiska symtom vid B-vitaminbrist

Brist på B-vitaminer kan orsaka en rad neurologiska symtom, inklusive:

Psykiska symtom: Svårigheter med minne, koncentration och mental skärpa.

Muskelsvaghet och domningar: Nervskador orsakade av B-vitaminbrist kan leda till domningar, stickningar eller svaghet i armar och ben.

Balansproblem och koordinationssvårigheter: Skador på nerverna kan försämra kroppens balans och koordination, vilket kan orsaka yrsel och ostadighet.

Signalsubstansernas roll vid nervsmärta

En obalans i signalsubstanser som serotonin och dopamin påverkar både humör och motoriska funktioner och kan i vissa fall bidra till nervsmärta samt andra neurologiska besvär.

Neuropati

Skador på nervsystemet kan orsaka smärta, stickningar eller brännande känslor längs nerverna, vilket kallas neuropati.

Nedsatta reflexer

Brist på B-vitaminer kan försämra nervsignaleringen till musklerna och därmed leda till nedsatta reflexer.

Mer forskning behövs

Det finns vissa forskningsrön och teorier som antyder att brist på specifika B-vitaminer kan vara kopplat till restless legs syndrome (RLS), även om sambandet ännu inte är helt klarlagt. Här är några sätt B-vitaminer kan spela en roll:

Järnmetabolism

Järnmetabolism och vitamin B9 (Folat) och B12 (Kobalamin):

Järnbrist har visat sig vara en viktig faktor för RLS, och det finns belägg för att brist på B9 och B12 kan påverka kroppens järnmetabolism. Eftersom dessa vitaminer bidrar till produktionen av röda blodkroppar och järnabsorption, kan deras brist indirekt bidra till RLS genom att påverka järnnivåerna. Min egen erfarenhet bekräftar detta, då jag, efter att ha börjat ta metylerat B9 och B12, har kunnat minska mitt tidigare höga järnintag – en intressant iakttagelse.

Nervsystemets funktion

B-vitaminer är avgörande för nervsystemets hälsa, inklusive signalöverföring och nervcellernas funktion. Brist på B12 kan leda till neurologiska symtom som kan förvärra RLS.

Inflammation och nervcellsskada

Vissa B-vitaminer har antiinflammatoriska egenskaper och kan skydda nervceller från skador. Brist på dessa vitaminer kan öka inflammation och risken för nervcellsskador, vilket i sin tur kan förvärra RLS-symtom.

B-vitaminernas roll är förbisedd

Jag är övertygad om att B-vitaminernas betydelse i samband med restless legs är förbisedd, särskilt deras roll i metyleringscykeln.

D-vitamin: En nyckelspelare i behandlingen av Restless legs syndrom

En studie från 2018 publicerad i Journal of Clinical Sleep Medicine visade ett tydligt samband mellan D-vitaminbrist och Restless Legs Syndrome (RLS). Studien fann att patienter med RLS hade betydligt lägre nivåer av D-vitamin i kroppen, och forskarna noterade att vitamin D har en viktig roll i det dopaminerga systemet, vilket reglerar utvecklingen och funktionen i nervsystemet. Dessa effekter stöder hypotesen att låga nivåer av D-vitamin kan bidra till RLS-symtom.

Vitamin D3 och dess roll i kroppen

Vitamin D3, eller kolekalciferol, är ett fettlösligt vitamin som hjälper till att reglera kroppens kalcium- och fosfatnivåer. Det är avgörande för att bibehålla benhälsa, stödja immunsystemet och delta i en rad andra biologiska processer. Trots att D3 kallas en vitamin, fungerar det mer som ett hormon eftersom kroppen kan producera det själv genom solljus och kolesterol. Det är det enda vitamin som kroppen kan producera själv.

Syntetiska varianter av vitamin D

Det finns sju syntetiska varianter av D-vitamin som utvecklats för att behandla specifika medicinska tillstånd, såsom njursjukdomar som påverkar D-vitaminmetabolismen. Dessa varianter används i särskilda fall när kroppen inte kan tillgodogöra sig vitaminet naturligt.

D-vitaminbrist: ett globalt hälsoproblem

Trots D-vitaminets avgörande roll är brist på D-vitamin ett utbrett problem världen över. Upp till 50% av världens befolkning har brist på D-vitamin. Bland mörkhyade grupper, som afroamerikaner och latinos, kan siffran vara så hög som 85 %. En av orsakerna är att mörkare hud kräver mer solljus för att producera tillräckliga mängder D-vitamin.

D-vitaminbrist och kroniska sjukdomar

Brist på D-vitamin har kopplats till flera kroniska sjukdomar. Forskning visar att otillräckliga nivåer av D-vitamin kan öka risken för infektioner och försämra sjukdomsförloppet vid sjukdomar som till exempel COVID-19. Dessutom har D-vitamin skyddande effekter mot autoimmuna sjukdomar som multipel skleros och reumatoid artrit genom att reglera immunsystemet och minska inflammation.

Vitamin D3 och neurodegenerativa sjukdomar

Låga nivåer av D-vitamin har även kopplats till neurodegenerativa sjukdomar som Alzheimers och Parkinsons. Vitamin D3 kan minska oxidativ stress och inflammation, vilka båda är viktiga faktorer i utvecklingen av dessa sjukdomar. Dessutom stöder det nervtillväxt och nervreparation, vilket är avgörande för att bibehålla hjärnans funktion och förhindra kognitiv försämring.

Starka ben och en frisk benstomme: vitamin D3 som byggsten

Vitamin D3 är nödvändigt för att bibehålla starka ben och tänder. Det hjälper kroppen att absorbera kalcium och fosfat från kosten, vilka är viktiga för att stärka skelettet och förhindra sjukdomar som osteoporos och rakit. Brist på D3 kan leda till svaga ben och ökad risk för frakturer.

Immunförsvarets osynliga försvarare: D-vitaminets roll

D-vitamin har en viktig roll i att stödja immunsystemet. Det modulerar immunsvaret och har antiinflammatoriska egenskaper som minskar risken för infektioner och autoimmuna sjukdomar. Enligt Gary Brecka kan kronisk D-vitaminbrist leda till ökad inflammation och försvagat immunförsvar, vilket ökar sårbarheten för sjukdomar.

Sammanfattningsvis visar forskningen att D-vitamin inte bara är viktigt för benhälsan och immunsystemet utan spelar även en central roll i nervsystemets reglering och kan därmed påverka tillstånd som RLS.

Så påverkar dina gener ditt D-vitaminupptag

En intressant del av hur våra kroppar hanterar vitamin D3 ligger i våra gener, särskilt VDR-genen. Denna gen producerar receptorn som binder till aktivt vitamin D, även känt som kalcitriol, vilket är avgörande för att utlösa en rad biologiska processer i kroppen. När det uppstår variationer i VDR-genen kan detta minska kroppens förmåga att använda vitamin D, vilket påverkar din hälsa på flera sätt.

Hur kan dessa genvariationer påverka dig

För vissa individer kan genetiska variationer i VDR-genen göra det svårare för kroppen att dra nytta av vitamin D. Detta innebär att även om du får tillräckligt med vitamin D genom solljus eller kost, kan din kropp ha svårt att använda det på rätt sätt. Det handlar alltså inte bara om att få i sig D-vitamin utan om hur väl din kropp faktiskt kan använda det.

För att optimera dina vitamin D-nivåer och därmed förbättra din hälsa är det viktigt att känna till om du har några genetiska faktorer som påverkar detta. Genom genetiska tester kan du få en tydligare bild av din egen situation och vad just din kropp behöver.

259

Anpassa ditt intag och din livsstil

Om du har variationer i VDR-genen, innebär det inte att du är fast med brist på vitamin D. Tvärtom, det ger dig möjlighet att ta kontroll över din hälsa på ett mer informerat sätt. För vissa kan det betyda att de behöver högre doser av D-vitamintillskott eller oftare vistas i solljus. Att anpassa sitt intag av D-vitaminrika livsmedel eller till och med öka sin tid utomhus kan göra stor skillnad. För andra kan det vara nödvändigt att regelbundet kontrollera sina vitamin D-nivåer genom blodprov, så att man kan justera sin strategi vid behov.

Vad innebär detta i praktiken?

För de som väljer att testa sig genetiskt kan detta avslöja viktiga polymorfismer, eller små genetiska variationer, som kan påverka hur väl kroppen omsätter och använder vitamin D. Med denna information kan man ta mer välgrundade beslut om sitt tillskott och sin livsstil. Regelbunden kontroll av dina D-vitaminnivåer är också en klok strategi för att säkerställa att de ligger inom ett optimalt intervall.

Om du vet att din kropp inte assimilerar vitamin D på ett effektivt sätt, kan du även fokusera på andra delar av din livsstil som kan förbättra din vitamin D-status. Att inkludera fler D-vitaminrika livsmedel i kosten samt leva mer aktivt och vistas ute kan ge stora fördelar.

Sammanfattning: Dina gener och D-vitamin

Din genetiska profil kan ha en större inverkan på hur din kropp hanterar vitamin D än du kanske tror. Genvariationer i VDR-genen kan påverka hur effektivt kroppen absorberar och använder D-vitamin. Genom att förstå dessa faktorer, och kanske genom att göra genetiska tester, kan du optimera dina vitamin D-nivåer och därmed förbättra din hälsa. Tillskott och livsstilsförändringar kan vara nyckeln till att säkerställa att kroppen får vad den behöver, trots genetiska hinder.

Det är viktigt att komma ihåg att D-vitamin inte alltid är lätt att få tillräckligt av genom kosten, och för många är tillskott den bästa lösningen. Att veta mer om dina gener kan ge dig förutsättningarna för att ta smartare beslut för din långsiktiga hälsa.

Faktorer som förhindrar upptag av D-vitamin:

• Övervikt

• Insulinresistens

• Inflammatoriska mag–tarmsjukdomar

• Genetiska faktorer

- Upptaget försämras med åldern

- Mörk hud

- Rökning och alkohol

- Försämrad njur och leverfunktion

- Processad mat

- Magnesiumbrist

D-vitaminbrist och RLS – vad forskningen säger

Det finns ett tydligt samband mellan brist på vitamin D3 och
neurologiska symtom, inklusive restless legs syndrome (RLS). Forskning
visar att vitamin D3 spelar en viktig roll i nervsystemets hälsa, och att en
brist på detta vitamin kan bidra till en rad neurologiska problem. Nedan
följer en förklaring av hur vitamin D3-brist kan vara kopplad till RLS.

D-vitamin och RLS: Kan en enkel lösning finnas i solen?

Forskning visar ett tydligt samband mellan vitamin D-brist och restless
Legs syndrom (RLS). Personer som lider av RLS tenderar att ha lägre
nivåer av D-vitamin jämfört med de som inte har sjukdomen. Men vad
betyder detta för dig? Och kan ett vitamin D-tillskott faktiskt lindra dina
symtom? Även om forskningen är pågående, finns det intressanta

262

insikter som kan hjälpa till att förstå sambandet mellan vitamin D och RLS.

D-vitaminets betydelse för dopamin och nervhälsa vid RLS

En av de mest spännande upptäckterna om vitamin D handlar om dopaminsystemet. Vitamin D påverkar detta system, som spelar en avgörande roll i motorisk kontroll och känsel. Vid brist på D-vitamin kan dopaminsystemet hamna i obalans, vilket i sin tur kan förvärra symtomen på RLS. När dopaminnivåerna rubbas, påverkas de signaler som styr rörelser och känslor, vilket kan öka obehag och krypande känslor i benen.

Men det slutar inte där. Vitamin D har också visat sig vara kraftfullt antiinflammatoriskt. Inflammation är ofta kopplad till nervproblem, och vid låga nivåer av D-vitamin kan inflammationen öka. Detta kan i sin tur påverka nervsystemet, vilket förvärrar symtom som muskelkramper och domningar – vanliga kännetecken vid RLS.

D-vitamin och kalcium: En balans för dina nerver

Vitamin D är inte bara viktigt för dopamin och inflammation, det spelar också en avgörande roll för kalciumregleringen i kroppen. Kalcium är nödvändigt för att våra nerver och muskler ska fungera korrekt, och

263

vitamin D säkerställer att kalcium tas upp och används effektivt. När D-vitaminbrist uppstår kan denna process störas, vilket kan leda till försämrad nervfunktion och därmed öka RLS-symtom som domningar och smärta.

Vad forskningen säger

Flera studier har belyst sambandet mellan D-vitamin och RLS. En studie publicerad i Sleep Medicine visade att personer med RLS hade betydligt lägre nivåer av D-vitamin jämfört med de utan sjukdomen. Studien visade också att patienter som tog vitamin D-tillskott upplevde en förbättring av sina symtom. En annan studie, publicerad i The Journal of Clinical Sleep Medicine, bekräftade dessa resultat och konstaterade att patienter med både RLS och D-vitaminbrist fick lindring när de behandlades med D-vitamin.

Sammanfattning: Är D-vitamin nyckeln till lindring?

Sambandet mellan brist på D-vitamin och RLS blir allt tydligare. Vitamin D har flera viktiga funktioner som stöder nervhälsa, reglerar inflammation och hjälper till att upprätthålla dopaminbalansen. Brist på detta viktiga vitamin kan förvärra RLS-symtomen. Även om fler studier behövs för att förstå alla mekanismer, har tillskott av D-vitamin visat sig minska symtomens svårighetsgrad hos många patienter. Om du har RLS och misstänker att du har låga nivåer av D-vitamin, kan det vara värt att

diskutera detta med din läkare – kanske finns det en enkel lösning som börjar med solen eller ett tillskott.

"Du har redan överlevt 100 % av dina värsta dagar. Du klarar det här också."

Magnesium: En viktig mångsysslare för kroppens hälsa

Magnesium är ett av de mest betydelsefulla mineralerna i kroppen, aktivt i över 300 biokemiska processer på cellnivå. Trots att magnesium påverkar omkring 80 % av kroppens funktioner är det den näst vanligaste mineralbristen bland vuxna.

Magnesium: Kroppens dolda vitaminaktivator

En av de mest förbisedda egenskaperna hos magnesium är dess avgörande roll i att omvandla vitaminerna B2, B6, B9, B12 och vitamin D till deras aktiva former. Denna omvandling är avgörande för att upprätthålla optimal hälsa. Utan tillräckligt med magnesium sker inte denna omvandling, vilket innebär att dessa viktiga vitaminer går förlorade – bokstavligen ut genom kroppen – och kan leda till en rad obehagliga symtom och sjukdomar.

Magnesium: Naturens valium

Magnesium spelar en kritisk roll i enzymsyntes, proteinsyntes och bibehållandet av elektrolytbalans. Det är också avgörande för nervsystemet och muskelrörelser. På grund av dess lugnande effekt på kroppen och förmåga att främja avslappning kallas magnesium ofta för naturens Valium. Det stöder hjärnans funktion och hjälper oss att varva ner, vilket bidrar till bättre sömnkvalitet.

Avgörande för omvandling av B-vitaminer till aktiv form

Magnesium hjälper musklerna att slappna av och motverkar kramper och spasmer. Studier visar även att magnesium kan vara effektivt mot ångest och oro. Dessutom spelar magnesium en avgörande roll i att omvandla B-vitaminer till deras aktiva former. Utan tillräckligt med magnesium är det stor risk att kroppen inte kan utnyttja B-vitaminerna, vilket innebär att de helt enkelt "kissas ut".

Magnesiumbrist: En dold fara

Brist på magnesium kan leda till allvarliga hälsoproblem, inklusive högt blodtryck, diabetes, muskelkramper, spasmer, hjärtproblem och sömnsvårigheter. Det centrala nervsystemet är också beroende av magnesium för att fungera optimalt. Om kroppen har för lite magnesium kan nervcellerna få svårt att sända och ta emot signaler på ett effektivt sätt, vilket kan påverka hälsan negativt.

Magnesium och Restless Legs syndrom (RLS)

I många artiklar om restless legs, skrivna av läkare och forskare, påstås det att "magnesium inte hjälper mot RLS". Samtidigt berättar människor på olika forum om hur magnesium har lindrat deras symtom. Detta motsatsförhållande tyder på att magnesiums roll i behandlingen av RLS är komplex och att individuella skillnader kan spela en stor roll.

Minst 33 olika former av magnesium

Generaliseringar kring magnesium är ofta missvisande. Många är inte medvetna om att det finns minst 33 olika former av magnesium, var och en med unika egenskaper och olika grad av biotillgänglighet. Att generalisera mellan olika former är missvisande, eftersom det finns stora skillnader i hur de verkar i kroppen.

Doseringen är också avgörande – om du tar för lite eller kombinerar det med läkemedel eller stimulantia som påverkar upptaget negativt och minskar effekten. Det finns många faktorer att ta hänsyn till.

80 % av RLS-patienterna har magnesiumbrist

En välkänd kiropraktor, Dr. John Bergman D.C., höll en föreläsning om restless legs som finns på YouTube. Under föreläsningen delade han intressanta insikter om magnesium, där han bland annat påpekade att:

80 % av alla patienter med RLS har brist på magnesium.

Magnesium malat kan passera blod-hjärnbarriären.

När det absorberas binder det aluminium och andra gifter som blockerar dopaminreceptorer, vilket hjälper till att eliminera dessa gifter från kroppen.

Endast några få sorters magnesium är riktigt effektiva

När du väljer magnesium finns det två faktorer som är särskilt viktiga:

Biotillgänglighet, som avgör hur väl kroppen kan absorbera magnesium.

Förmågan att passera blod-hjärnbarriären och nå hjärnan.

Av de 33 typerna av magnesium är det bara fyra som uppfyller dessa krav. Om du lider av restless legs är mitt råd att du fokuserar på dessa specifika varianter för bästa resultat.

De fyra magnesiumtyper som uppfyller dessa kriterier är:

- Magnesiumbisglycinat

- Magnesiummalat

- Magnesiumtreonat

- Magnesiumtaurat

"En orolig natt berättar alltid något om dagen före."

Varför vissa inte får effekt av magnesiumtillskott

Det finns en enkel förklaring till varför en del människor upplever att magnesiumtillskott inte ger någon effekt – de kan ha valt en form av magnesium som inte är lämplig som kosttillskott. Vissa magnesiumsorter är utvecklade för industriellt bruk, exempelvis som innehåll i brandsläckare eller för rening av avloppsvatten. Dessa sorter har ingen plats i kosttillskott. Tyvärr förekommer dessa sorter i produkter på hyllorna i hälsokostbutiker.

När du går in i en hälsokostbutik och köper magnesium, är det vanligt att du får en sort som kallas "magnesiumhydroxid". Detta var precis vad som hände när jag senast köpte magnesium på vårt lokala apotek.

Magnesiumhydroxid i min brandsläckare?

Om du söker på magnesiumhydroxid på Google, kommer du att se att det även används som laxermedel, mot halsbränna, vid rening av avloppsvatten och i brandbekämpning. Din kropp har svårt att ta upp denna typ av magnesium, risken är att det mesta åker rakt igenom systemet och försvinner i toaletten. Däremot är det billigt att tillverka, vilket gör det lönsamt för dem som säljer det. Om du tidigare har tagit magnesiumtillskott utan effekt kan det bero på att du valt fel produkt eller för låg dos.

Biotillgänglighet är nyckeln

Det finns effektiva varianter av magnesium som, likt vissa B-vitaminer, kan göra underverk i kroppen. Eftersom det finns många olika former av magnesium är det viktigt att välja en sort med hög biotillgänglighet – det vill säga en form som kroppen lätt kan absorbera. God absorptionsförmåga är avgörande vid behandling av magnesiumbrist, särskilt med tanke på de faktorer som kan hämma upptaget, som processad mat, utarmade jordar och kemikalieexponering.

Faktorer som drar ut magnesium ur kroppen

Stress

Kaffe

Alkohol

Tobak

Diabetes

Vätskedrivande mediciner

274

Socker

Nyckelformer av magnesium med kraftfulla hälsofördelar

Vissa former av magnesium förtjänar verkligen titeln "Power Magnesium" tack vare sina överlägsna hälsoeffekter och höga biotillgänglighet.

Magnesiumtaurat – kroppens lugna vän

Magnesiumtaurat är en ren form av magnesium bunden till aminosyran taurin. Det anses vara ett av de mest lugnande magnesiumpreparaten och har hög biotillgänglighet, vilket innebär att kroppen lätt kan absorbera det. Eftersom det passerar blod-hjärnbarriären är det särskilt effektivt för att stödja hjärnans och nervsystemets funktioner.

Magnesiumbisglycinat – Naturens valium

Till skillnad från andra magnesiumformer som kommer från oorganiska källor eller mineralsalter, är magnesiumbisglycinat bundet till aminosyror, vilket ökar dess biotillgänglighet och effektivitet. Det hjälper till att reglera neuromuskulära sammandragningar och har visat sig lindra benkramper, särskilt hos gravida kvinnor. Eftersom det även verkar muskelavslappnande är det användbart för patienter med neuropatisk smärta och fibromyalgi.

275

Magnesiumbisglycinat passerar blod-hjärnbarriären och kallas ofta "Naturens Valium" tack vare sina lugnande effekter. Det är en uppskattad magnesiumform för många.

Magnesiumtreonat: Bra för hjärnan

Magnesiumtreonat är en form med hög biotillgänglighet som har visat sig ha lugnande effekter på olika psykiska symtom. Eftersom det passerar blod-hjärnbarriären kan det också ha en positiv inverkan på hjärnans funktion och kognitiva hälsa.

Magnesiummalat: Hög biotillgänglighet

Magnesiummalat är en av de formerna av magnesium med bäst biotillgänglighet och når effektivt hjärnan. Studier har visat att det kan ha en positiv effekt vid behandling av fibromyalgi och andra tillstånd som involverar muskelvärk och trötthet.

Undvik alla andra sorters magnesium

Andra former av magnesium, såsom magnesiumoxid, magnesiumhydroxid, magnesiumcitrat, magnesiumkarbonat och magnesiumsulfat, bör undvikas förutom vid behandling av förstoppning. Dessa former har låg biotillgänglighet och är ofta inkluderade i kosttillskott på grund av sin låga tillverkningskostnad.

Optimal dosering av magnesium

Rekommenderat dagligt intag av magnesium är 420 mg för män och 360 mg för kvinnor. Tidigare generationer fick i sig 500–600 mg magnesium dagligen från kosten, men i dagens samhälle med ökad konsumtion av processad mat är den siffran betydligt lägre.

Studier på äldre har visat att doser på 1000–1800 mg per dag kan vara säkra och effektiva, och EU har satt den toxiska dosen till 2500 mg. För personer som lider av restless legs kan en högre dos magnesium vara nödvändig. Det kan vara fördelaktigt att kombinera olika former av magnesium, men rådgör med en läkare innan du tar doser som överstiger det rekommenderade dagliga intaget.

Själv tar jag tre olika former av magnesium: magnesiumtreonat, magnesiummalat och magnesiumbisglycinat. Min dagliga dos ligger runt 800 mg.

Sammanfattning

Hälsokosthandeln erbjuder ofta billiga men ineffektiva former av magnesium som enbart bör användas vid förstoppning. För bästa resultat, välj en eller flera av de former jag kallar "Power Magnesium." Dessa sorter är nödvändiga för att omvandla viktiga vitaminer till deras aktiva former och bidrar till att förbättra ditt allmänna välbefinnande. Prova dig fram för att hitta rätt sort och dosering som fungerar för dig.

Bakgrund till påståenden om magnesium och RLS

Ett påstående i en bok om restless legs-syndrom (RLS) hävdar felaktigt att professor Magdolna Hornyak inte fann några positiva effekter av magnesium på RLS/WED. Detta påstående är inte bara felaktigt utan helt bakvänt. Påståendet är föråldrat och saknar stöd i forskning. Magnesium är ett livsviktigt mineral, och dess roll för hälsan bör diskuteras med korrekt och evidensbaserad information.

Tre viktiga saker att beakta om magnesium och RLS

1. Magnesium gav signifikanta förbättringar

Magdolna Hornyak är en mycket skicklig professor i Tyskland och genomförde en omfattande studie om magnesiums potentiella effekter på RLS och PLMS (periodic limb movements in sleep). Resultaten var entydigt positiva. Studien visade att 7 av 10 patienter upplevde betydande förbättringar efter att de hade tagit magnesium, och i genomsnitt fick de 46 minuter mer sömn per natt. Studien visade att magnesium förbättrade nervsystemets funktion, sömnen och minskade symtom vid RLS och PLMS.

Studien publicerades 1998 i tidskriften Sleep och finns tillgänglig på nätet. Här är titeln:

"Magnesium Therapy for Periodic Leg Movements-related Insomnia and Restless Legs Syndrome: An Open Pilot Study" av Hornyak, Voderholzer, Hohagen, Berger och Riemann vid Center for Sleep Medicine at the Department of Psychiatry and Psychotherapy, Albert-Ludwigs-University, Freiburg, Germany.

Studien avslutas med följande slutsats: "Denna öppna, icke-blind studie visade signifikanta förbättringar av sömn och PLMS efter magnesiumbehandling. För att avgöra om magnesium kan vara ett behandlingsalternativ för RLS- och/eller PLMS-relaterad sömnlöshet, bör dubbelblinda placebokontrollerade studier genomföras."

2. Signifikanta förbättringar trots magnesiumoxid

Notera att i studien användes magnesiumoxid, en form av magnesium som anses ha lägre biotillgänglighet jämfört med andra former som magnesiummalat, magnesiumtreonat, magnesiumtaurat och magnesiumbisglycinat. Magnesiumoxid används främst inom industri och medicin, exempelvis vid behandling av halsbränna och förstoppning, samt inom avloppsrening, elektronik och brandskydd. Valet av magnesiumoxid är förvånande då det har lägre effektivitet för behandling av magnesiumbrist.

280

Trots att magnesiumoxid användes, rapporterades fortfarande signifikanta förbättringar i studien. Detta indikerar att andra, mer biotillgängliga former av magnesium förmodligen skulle ge ännu bättre resultat.

3. Bedömning av magnesiumoxid

Sammanfattningsvis är magnesium en central spelare i behandlingen av RLS, men valet av rätt form och dosering är avgörande för att uppnå bästa möjliga effekt.

Personligen är jag skeptisk till användningen av magnesiumoxid. För mig är det ett billigt preparat, ofta tillverkat i Kina på bulk, som kanske fungerar bra som laxermedel eller inom vattenrening, men det hör inte hemma i hälsokostpreparat.

Låg dos med laxerande effekt

I den tyska studien fick deltagarna en relativt låg dos magnesium, 12,4 mmol dagligen, vilket motsvarar cirka 300 mg. Detta ligger under det rekommenderade dagliga intaget (RDI) för både kvinnor och män. Trots den låga dosen och att magnesiumet som användes var magnesiumoxid, visade studien ändå betydande positiva effekter på RLS-symtom, vilket är anmärkningsvärt.

En intressant reflektion om magnesiumbrist

En intressant aspekt av studien var att nästan alla deltagare, utom en, hade normala magnesiumnivåer i blodet vid studiens start. Forskarna antog att de positiva effekterna av magnesiumtillskottet kan bero på att en underliggande magnesiumbrist ändå rättades till.

Forskarna påpekade att mängden magnesium som mäts i blodserumet – den vätska som återstår efter att blodet koagulerat och cellerna tagits bort – inte alltid återspeglar mängden magnesium inne i kroppens celler.

Majoriteten av kroppens magnesium finns i cellerna

Med andra ord kan en person ha normala magnesiumnivåer i blodserumet men fortfarande ha en brist i cellerna där magnesium utför biologiskt viktiga funktioner. Majoriteten av kroppens magnesium finns nämligen inne i cellerna, inte i blodet, vilket gör serumnivåer till en osäker indikator på kroppens totala magnesiumstatus.

Vad kan vara anledningen till magnesiumbristen?

En möjlig förklaring till att deltagarna i studien uppvisade magnesiumbrist trots normala blodvärden är förekomsten av funktionell magnesiumbrist. Studien genomfördes på patienter med restless legs syndrom, och det är troligt att dessa patienter hade en nedsatt funktion i deras metyleringscykel. Nedsatt metylering är ofta förknippad med brist på B-vitaminer, magnesium och zink. Detta innebär att även om blodproverna visar normala nivåer, kan det finnas en brist på magnesium på cellnivå, där det är avgörande för viktiga biologiska funktioner.

Att påstå att magnesium inte hjälper mot RLS är en förenklad slutsats

Det finns minst 33 olika typer av magnesium, alla med varierande kvalitet och egenskaper.

Att hävda att magnesium inte hjälper mot RLS är en förenklad slutsats. Den tyska studien fokuserade enbart på magnesiumoxid, en specifik form av magnesium. Vilken typ av magnesium som författarna till den nämnda boken syftar på får de själva redogöra för.

De är inte ensamma om att påstå att magnesium inte hjälper mot RLS. Jag har läst liknande påståenden i andra artiklar om RLS/WED, utan att någon källa nämns eller att det förtydligas vilken form av magnesium som avses. Det verkar som att dessa påståenden kopieras och sprids utan vidare reflektion.

Studier från andra länder har dock visat att magnesium kan ha en positiv effekt på RLS-symtom. En av dessa studier är den ovan nämnda: Magnesium Therapy for Periodic Leg Movements-related Insomnia and Restless Legs Syndrome: An Open Pilot Study av Magdolna Hornyak och kollegor (1998), som publicerades i tidskriften Sleep.

Magnesium och NMDA-receptorer: Nyckeln till att dämpa överaktiva nerver och lindra smärtkänslighet

Här beskriver jag ytterligare några faktorer som kan vara bidragande orsaker till Restless legs syndrom (RLS). Det är möjligt att magnesium i framtiden får en mer central roll i behandlingen av RLS/WED.

Magnesium spelar en avgörande roll i att hålla nervsystemet i balans, särskilt när det gäller att reglera aktiviteten hos NMDA-receptorer. Dessa receptorer styr flödet av kalcium, natrium och kalium i nervceller och är viktiga för inlärning, minne och motorisk kontroll. Men när NMDA-receptorer blir överaktiva kan det leda till allvarliga neurologiska problem – såsom Restless legs syndrom (RLS).

Magnesiums roll i att dämpa överaktiva NMDA-receptorer

Magnesium verkar som en naturlig antagonist för NMDA-receptorer. Magnesium blockerar receptorerna från att bli överaktiverade av glutamat, den excitatoriska signalsubstansen i hjärnan. När magnesium är närvarande i tillräckliga mängder, håller det NMDA-receptorerna i balans och förhindrar att de överstimuleras, vilket skyddar nervceller mot skador och neurologiska problem.

Kopplingen mellan NMDA-receptorer, magnesium och RLS

Restless legs syndrom kopplas till störningar i dopamin- och glutamatsystemen, som båda påverkas av NMDA-receptorer. När dessa receptorer är överaktiva på grund av höga nivåer av glutamat eller låga nivåer av magnesium, kan det leda till överdriven nervsignalering, inklusive central sensitisering, neuroexcitabilitet och hyperexcitabilitet, vilket bidrar till de obehagliga symtomen vid RLS.

Studier visar att personer med RLS ofta har förhöjda glutamatnivåer i hjärnområden som styr motorik och sensorik. Detta leder till en överstimulering av NMDA-receptorer, vilket i sin tur kan förvärra symtomen. Magnesium blockerar överaktivering av NMDA-receptorer, vilket minskar känsligheten och motverkar symtom vid RLS.

Genetiska variationer och överaktiva NMDA-receptorer

Genetiska faktorer, såsom mutationer i GRIN-generna, kan också bidra till överaktiva NMDA-receptorer. Dessa genetiska varianter kan leda till en överkänslighet för glutamat, vilket gör NMDA-receptorer mer benägna att bli överaktiva. Detta kan leda till neurologiska sjukdomar som RLS, men även andra tillstånd som Alzheimers sjukdom och epilepsi, där överstimulering av nervceller spelar en central roll i utvecklingen av sjukdomen.

Hur magnesium kan lindra symtomen vid RLS och andra sjukdomar

Magnesium kan vara en naturlig lösning för att lugna överaktiva NMDA-receptorer. Genom att blockera dessa receptorer kan magnesium hjälpa till att minska nervcellernas överaktivitet och därmed lindra symtom vid RLS. Magnesium har även visat sig vara fördelaktigt vid andra neurologiska sjukdomar, såsom Alzheimers och epilepsi, där överaktiva NMDA-receptorer spelar en central roll i sjukdomsutvecklingen.

Magnesium främjar muskelavslappning och förbättrar nervsignaleringen, vilket ytterligare kan lindra symtomen på RLS. Det är därför ett enkelt och naturligt tillskott som kan göra stor skillnad för personer med både RLS och andra neurologiska tillstånd.

Slutsats: Magnesium som skydd mot överaktiva NMDA-receptorer

Sammanfattningsvis fungerar magnesium som en viktig "broms" som håller NMDA-receptorerna i balans och förhindrar överstimulering. Genom att lugna dessa receptorer kan magnesium hjälpa till att lindra symtomen vid Restless legs syndrom och skydda mot skador på nervceller. För personer med genetiska varianter som gör NMDA-receptorer överaktiva, eller för dem med neurologiska sjukdomar som Alzheimers och epilepsi, kan magnesium vara en viktig del av behandlingen.

Om du misstänker att magnesiumbrist eller överaktiva NMDA-receptorer bidrar till dina RLS-symtom eller andra neurologiska problem, kan magnesiumtillskott vara värt att överväga. Rådgör med din läkare för att se om magnesium kan vara en del av din behandlingsplan och bidra till att lugna dina symtom.

"Nervsystemet är som en orkester – och magnesium är en av dirigenterna."

Järn: En hörnsten i behandlingen av RLS

Järn (Fe) är ett nödvändigt spårämne för nästan alla levande organismer, inklusive människan. En vuxen människokropp innehåller 3–5 gram järn, varav största delen finns i våra röda blodkroppar. Järn lagras även i benmärg, lever och mjälte.

Den vanligaste näringsbristen

Järnbrist är den vanligaste näringsbristen i världen. Cirka 30 % av världens befolkning lider av anemi (blodbrist), och i ungefär 50 % av dessa fall är järnbrist orsaken. Kroppen behöver cirka 20 mg järn dagligen för produktionen av röda blodkroppar och för cellernas ämnesomsättning.

Det är särskilt värt att notera att växande barn behöver nästan lika mycket järn som vuxna, trots att de äter mindre, vilket gör dem mer benägna att drabbas av järnbrist. Efter barndomen är tonårsflickor särskilt utsatta för järnbrist på grund av menstruationen.

Järnbrist och dess koppling till restless legs (RLS)

Det finns en teori om att restless legs (RLS) kan orsakas eller förvärras av järnbrist. Järn är viktigt för bildandet av signalsubstansen dopamin, och en brist kan leda till dopaminbrist, vilket i sin tur kan orsaka RLS.

Vid behandling av RLS rekommenderas att kontrollera kroppens järndepåer genom att mäta ferritinnivåerna. Om ferritinvärdet ligger inom det normala intervallet men i den nedre tredjedelen, har järntillskott visat sig kunna lindra symtomen hos vissa patienter med RLS.

Två typer av järn i kosten

I kosten finns två huvudsakliga former av järn: hemjärn, som är bundet till animaliska livsmedel, och icke-hemjärn, som kommer från vegetabiliska källor. Studier visar att hemjärn absorberas bättre av kroppen på grund av dess snabbare upptag.

Är icke-hemjärn bättre för RLS?

Jag har testat båda typerna av järn och, trots att hemjärn sägs ha bättre absorptionsförmåga, har jag funnit att det inte fungerar lika bra för mig. För mina RLS-symtom har icke-hemjärn, som kommer från vegetabiliska källor, visat sig fungera betydligt bättre.

290

Det är också viktigt att notera att koppar och C-vitamin är viktiga för kroppens förmåga att ta upp järn. Vissa studier antyder att även A-vitamin kan förbättra järnupptaget. Järn har blivit en alltmer central och viktig del i behandlingen av patienter med RLS.

Effektiv dosering av järn

Tidigare trodde man att det mest effektiva sättet var att fördela intaget av järn jämnt över dagen. Men nya rön utmanar detta synsätt. En amerikansk neurolog, höll en föreläsning om järn och restless legs (RLS). Han förklarade att ny forskning visar att det är mer effektivt att ta en högre dos järn varannan kväll, snarare än att ta flera små doser utspridda under dagen.

En del patienter får även järninjektioner som behandling. Studier har visat att injektioner kan vara till stor nytta vid RLS. En läkare, Lena Leissner, har rapporterat att 80 % av patienterna upplevde märkbar förbättring efter att ha fått järninjektioner.

Personliga erfarenheter

Under flera år tog jag en hög dos järntillskott. Efter att ha experimenterat med doseringen fann jag en nivå som hjälpte mig att sova på nätterna. Som en försiktighetsåtgärd tog jag järn två kvällar i rad och hoppade över den tredje dagen. Den här metoden visade sig vara mer effektiv för mig än att dela upp dosen jämnt över flera dagar.

Sedan jag började ta metylerade B-vitaminer (B-vitaminer i aktiv form) har jag märkt att mitt behov av järn har minskat. Jag har till och med kunnat mer än halvera mitt järnintag utan att symtomen har förvärrats. Varför det har blivit så är jag inte säker på, men förändringen är tydlig.

En möjlig förklaring är att nedsatt metylering kan påverka järnmetabolismen. B-vitaminer i aktiv form stödjer metyleringscykeln, vilket i sin tur kan förbättra järnupptaget.

Kalium och RLS symtom

Kalium är en mineral och en elektrolyt som är nödvändig för kroppens normala funktion.

Kaliumbrist

Kaliumbrist kan uppstå exempelvis vid långvariga kräkningar och diarréer, urindrivande mediciner, processad mat och hög alkoholkonsumtion. Även insulin kan sänka kaliumnivåerna i kroppen.

Kaliumbrist anses vara ovanligt. Men det finns flera faktorer som kan orsaka obalans i kalium-natriumnivåerna.

Symtom på kaliumbrist

När kaliumbalansen rubbas kan du uppleva yrsel, muskelsvaghet, ofrivilliga muskelryckningar, stickningar, domningar i händer, ben och fötter.

Effekter av kaliumbrist på nervsignalering och muskelsammandragningar

Kalium är en viktig elektrolyt som reglerar kroppens elektriska signaler, särskilt i nerv- och muskelceller. Vid kaliumbrist uppstår problem i både nervsystemet och musklerna eftersom deras funktion är beroende av rätt nivåer av denna elektrolyt.

Nervsignalering och kaliumbrist

Kalium hjälper till att skapa den elektriska spänning som behövs för att överföra signaler längs nervcellerna. Utan tillräckligt med kalium blir nervimpulserna långsammare, vilket kan orsaka symtom som domningar, stickningar och muskelsvaghet. Nerverna har även svårt att återställa sin vilopotential, vilket leder till fördröjda nervsignaler och minskad förmåga att skicka nya signaler snabbt.

Påverkan på muskelsammandragningar

Kalium är avgörande för att musklerna ska kunna dra ihop sig och slappna av. Brist på kalium kan orsaka ofrivilliga muskelkramper och spasmer, eftersom balansen mellan kalcium och natrium rubbas. Detta leder ofta till muskelsvaghet och trötthet, särskilt i armar och ben, då muskelcellerna har svårt att producera tillräckligt med energi.

Sammanfattningsvis påverkar kaliumbrist både nerv- och muskelceller kraftigt och kan leda till kramper, muskelsvaghet och i allvarliga fall hjärtrytmstörningar.

Reflektion

Personer med restless legs syndrom (RLS) har ofta ett överaktivt nervsystem och ökad smärtkänslighet. Detta kan medföra en ökad känslighet för elektrolytobalanser. Jag upplever att jag är extra känslig för förändringar i mina elektrolytnivåer, särskilt när det gäller kalium. Det innebär att även små variationer i kalium- eller natriumnivåerna kan leda till symtom som muskelsvaghet, stickningar, domningar och obehagskänslor.

Symtomen försvinner direkt efter ett mindre kaliumtillskott.

Ibland behövs det inte mycket för att skapa obalans. Till exempel en person med diabetes som tar insulin ihop med urindrivande blodtrycksmedicin. Lägg till salt mat och alkohol, det kan räcka för att rubba kaliumbalansen.

"Du är inte svag för att du har symtom – du är stark som letar svar."

Kirurgi som behandling för Restless legs syndrom (RLS) – Del 1

Här följer tre avsnitt som presenterar några intressanta alternativa förklaringar till orsaken bakom Restless Legs, neuropati och karpaltunnelsyndrom.

De bygger på arbetet från Dr. John Anderson, kirurg och chefsläkare vid Anderson Podiatry Center i USA. Dr. Anderson är känd för att ha utvecklat en kirurgisk behandling för patienter med bland annat Restless Legs Syndrom.

Hans videor på YouTube, där han delar med sig av sina kliniska iakttagelser och hypoteser, är bland det mest tankeväckande jag har tagit del av när det gäller förståelsen av RLS och möjliga vägar till behandling.

Dr. John Anderson, kirurg och chefsläkare

En spännande och ibland förbisedd aspekt av behandlingen av Restless Legs Syndrome (RLS) är möjligheten till kirurgiska ingrepp. Även om området förtjänar mer uppmärksamhet och forskning, är informationen om kirurgiska behandlingar för RLS fortfarande begränsad.

Anderson Podiatry Center

I USA finns några kliniker under namnet Anderson Podiatry Center belägna i Colorado, Nebraska och Wyoming. Chefsläkaren, Dr. Anderson, erbjuder ett annorlunda perspektiv på orsakerna till RLS. Istället för att fokusera på de vanliga teorierna om dopaminobalans, järnbrist eller dålig mikrocirkulation, menar Dr. Anderson att den verkliga orsaken är en irriterad nerv i benet som utlöser reflexen att dra undan foten. Symtomen beror ofta på tryck på en nerv.

Kirurgi för att lindra nervtryck

Den kirurgiska behandlingen innebär att frigöra trycket genom att snitta upp en del av nervskidan och därigenom frigöra nerven. Ultraljudsundersökningar används för att fastställa exakt var ingreppet ska utföras. Anderson Podiatry Center har en YouTube-kanal där patienter delar sina upplevelser och beskriver hur deras RLS-symtom försvann och hur de kunde sluta med medicin redan dagen efter operationen.

298

90–100 % symtomlindring

Många patienter rapporterar att 90–100 % av deras symtom försvann omedelbart efter operationen. Det är dock fortfarande oklart om symtomen kan återkomma över tid eller om det finns några långsiktiga risker eller biverkningar. Varje individ bör därför noggrant överväga sina alternativ och konsultera en läkare.

Trånga nervkanaler?

Boken innehåller ytterligare två avsnitt som bygger på chefsläkaren Dr. Andersons kliniska iakttagelser och forskning. I det ena beskrivs varför ketogen kost och fasta kan ha en dämpande effekt på RLS-symtom. I det andra förklaras hur höga blodsockernivåer kan få nerverna i benen att svullna, vilket skapar tryck i trånga nervkanaler – en möjlig orsak till både RLS och perifer neuropati. Dr. Andersons arbete ger ett nytt perspektiv på nervsystemets känslighet för metabola faktorer. Dessa avsnitt ger ytterligare nycklar till att förstå vad som händer i kroppen vid

Om du är intresserad av kirurgi som en lösning för RLS kan du söka på "Anderson Podiatry Center" för mer information. På YouTube finns flera videor som beskriver behandlingarna och patienternas erfarenheter.

Kirurgi som behandling för Restless legs syndrom (RLS) – Del 2

Fasta och ketogen kost – en dold nyckel till lindring vid RLS

Jag har fastat en hel del i mitt liv. Från början gjorde jag det för att gå ner i vikt och förbättra min insulinkänslighet. Min längsta fasta var en juicefasta på 26 dagar i april 2015. Därefter följde jag 5:2-metoden under resten av året, vilket totalt blev omkring 100 fastedagar – och en viktnedgång på 20 kilo.

Men något annat hände längs vägen: jag började märka att mina RLS-symtom alltid minskade under fastan – och även under perioder med ketogen kost. Varje gång. Det fick mig att undra: varför?

Jag lade märke till att symtomen började avta redan efter en dag eller två utan mat, och förbättringen blev tydligare ju längre fastan pågick.

Dr. Andersons iakttagelser om RLS och ketogen kost

Av en slump stötte jag sedan på en video av Dr. Michael Anderson från Anderson Podiatry Center i USA. Han är kirurg och specialiserad på att behandla patienter med restless legs genom kirurgisk nervavlastning.

En kropp som skriker efter vila

Många med restless legs beskriver det som en rastlös kraft som slår till just när kroppen behöver vila. Krypningar, ryckningar, brännande känsla i benen – och ofta en natt som aldrig slutar i sömn.

Men vad händer om vi vänder på perspektivet? Tänk om RLS inte är ett isolerat nervproblem – utan ett tecken på att kroppen är i metabolisk obalans?

Förvånansvärt många har märkt att fasta och ketogen kost lindrar deras RLS-symtom – ibland dramatiskt. Det gäller både kortare fastor (till exempel periodisk fasta) och längre vattenfastor. Och det verkar finnas en tydlig logik bakom det: när kroppen får vila från konstant näringsintag och sockerberoende, händer något positivt i nervsystemet.

Vad är det egentligen som händer?

Dr. Michael Anderson menar att fasta och ketogen kost aktiverar kroppens egna reparationssystem – och att det är detta som hjälper vid RLS. Hans erfarenheter bekräftas av många patienter, och fler forskare börjar nu utforska kopplingen mellan ämnesomsättning och nervhälsa.

Låt oss titta på några av de mest lovande förklaringarna till varför fasta och ketos kan lindra restless legs.

1. Ketoner – ren energi för nervsystemet

När du fastar eller äter väldigt lite kolhydrater börjar kroppen producera ketoner – små, energirika molekyler som ersätter glukos som bränsle. Det är som att ställa om kroppen från sockerdrift till fettdrift.

Forskning visar att ketoner har flera fördelar: de är skonsamma för hjärnan, skyddar nervceller mot stress och kan till och med minska smärta. För ett nervsystem i obalans – som vid RLS – verkar ketoner kunna ge både stabilitet och lindring.

Ketoner som signalmolekyler – Newman & Verdin, 2014

2. Tarmbakterier, järn och den dolda kopplingen

Många med RLS har hört att järnbrist kan vara en orsak – men det är inte hela sanningen. Forskare har upptäckt att tarmfloran spelar en avgörande roll i hur kroppen tar upp och använder järn.

I en studie hade 69 % av RLS-patienterna bakteriell överväxt i tunntarmen (SIBO) – ett tillstånd som kan försämra järnupptaget och orsaka låggradig inflammation, båda faktorer som kan trigga RLS.

När vi fastar får tarmen vila, och mikrobiomet förändras snabbt. Skadliga bakterier minskar, näringsupptaget förbättras – och kroppen kan återfå balansen.

3. Fasta ökar kroppens egna smärtstillare

Under fasta ökar kroppen sin produktion av serotonin och endorfiner – signalsubstanser som höjer humöret och minskar smärta. Det är inte bara därför vi kan känna oss lugnare och mer fokuserade under fasta – det har också direkt stödjande effekt på nervsystemet.

Många med RLS har låg smärttröskel, särskilt på kvällen. Genom att öka dessa signalsubstanser blir symtomen ofta mer hanterbara – ibland nästan helt försvunna.

4. Nya nerver – på riktigt

Ytterligare en fördel med fasta är att kroppen börjar bilda nya nervceller – en process som kallas neurogenes. Det triggas bland annat av ett ämne som heter BDNF (brain-derived neurotrophic factor).

BDNF fungerar som gödning för nervsystemet. Det hjälper nervceller att växa, förnyas och skapa nya kopplingar. Precis det vi vill ha om RLS är kopplat till störd signaltrafik mellan hjärnan och benen.

5. Inflammationen tystnar

En kropp som äter ofta, har högt blodsocker och ständigt driver sin ämnesomsättning på högvarv hamnar lätt i kronisk låggradig inflammation – något nervsystemet är mycket känsligt för.

Fasta sänker nivåerna av inflammatoriska markörer som CRP och TNF-α. Det minskar också det oxidativa stresspåslaget, vilket hjälper nerver att återhämta sig och återfå sin normala funktion.

RLS – ett nervsystem i metabolisk obalans?

Sammantaget finns det starka skäl att betrakta RLS inte bara som ett neurologiskt tillstånd, utan som ett tillstånd där kroppen försöker signalera att något djupare är ur balans.

Kanske är restless legs ett slags inre överhettning – där nervsystemet aldrig får vila, och symtomen fungerar som en varningssignal.

Att ge kroppen en paus – genom fasta eller ketogen kost – kan vara ett sätt att bryta mönstret. Det är ingen snabb lösning, men för många är det en verklig lättnad.

Vad kan du själv göra?

Vill du prova fasta eller ketogen kost för att lindra dina RLS-symtom? Här är några enkla sätt att börja:

Hoppa över frukosten ett par dagar i veckan (till exempel 16:8 eller 5:2 fasta)

Undvik snabba kolhydrater – särskilt på kvällen

Satsa på en lågkolhydratkost rik på bra fetter och protein

För dagbok över dina symtom – så att du kan se mönster

Det handlar inte om att straffa kroppen – utan om att ge den andrum. Ibland är det allt som krävs.

Och om du redan har provat allt – kanske det är dags att prova ingenting. Inget ätande. Ingen konstant matsmältning. Bara en paus.

Kirurgi som behandling för Restless legs syndrom (RLS) – Del 3

Kan högt blodsocker orsaka tryck på dina nerver?

Den dolda länken mellan diabetes, RLS och karpaltunnelsyndrom

Många som lever med diabetes drabbas även av restless legs (RLS) eller karpaltunnelsyndrom. Men vad händer om det inte bara är ett sammanträffande?

Enligt Dr. Michael Anderson – en amerikansk kirurg specialiserad på att behandla RLS-patienter genom nervdekompression – kan förklaringen ligga djupare än vi tidigare trott. Den verkliga boven kan vara högt blodsocker, inte bara på grund av dess kemiska påverkan på nerverna, utan även genom något mer påtagligt: fysisk svullnad och mekaniskt tryck.

I en av sina föreläsningar delar Dr. Anderson med sig av en teori som kan förändra hur vi ser på nervsmärta: att högt blodsocker får nerver att svälla, och när de svullna nerverna sedan pressas genom stela, trånga nervkanaler i kroppen, uppstår smärta, domningar och RLS-liknande symtom.

Låt oss gå igenom vad han säger – och varför det kan vara avgörande för alla som lever med diabetes och oförklarlig nervsmärta.

1. Socker får nerverna att svälla

Hos diabetiker ansamlas ofta en sockeralkohol som kallas sorbitol inne i nerverna. Sorbitol drar till sig vätska, vilket gör att nerverna kan svälla upp med så mycket som 40–50 %.

Föreställ dig att försöka trycka en tjock elkabel genom ett alltför smalt rör – det är ungefär vad som händer när en svullen nerv ska ta sig igenom en trång passage som karpaltunneln i handleden eller tarsaltunneln i fotleden. Om nerven växer men tunneln förblir lika trång, uppstår tryck – och därmed symtom.

Det här, menar Dr. Anderson, är en av förklaringarna till att diabetiker har sju gånger högre risk att utveckla karpaltunnelsyndrom.

2. Socker gör vävnader stelare

Men nervsvullnaden är bara halva bilden. Dr. Anderson lyfter fram något som kallas Maillard-effekten – en kemisk reaktion där socker binds till proteiner i vävnaden. Med tiden gör detta vävnaderna stelare, mindre elastiska och mer benägna att gå sönder.

Det innebär att de mjuka tunnlar som normalt låter nerver glida fritt blir stela och oförlåtande. När en svullen nerv försöker ta sig igenom en stel tunnel, blir resultatet kompression – och smärta.

Socker förändrar alltså inte bara nervfunktionen. Det förändrar hela strukturen kring nerverna.

3. Trycket utlöser symtomen

Domningar, brännande känslor, stickningar – eller den krypande, ryckiga känslan i benen som plågar på natten. Dr. Anderson menar att dessa symtom kan vara mekaniska, inte mystiska. Nerverna är helt enkelt klämda.

Restless legs hos diabetiker behöver alltså inte bero på hjärnan eller signalsubstanser. Det kan i själva verket vara en lokal, fysisk nervkompression som orsakar symtomen.

4. Kirurgi visar långvariga resultat

Dr. Anderson berättar om en patient med diabetes som opererades för nervdekompression. Ett år senare – efter att ha skjutit upp sin återbesökstid – kom han tillbaka och sa:

309

"Jag fortsätter att bli bättre."

Det är ovanligt vid klassisk diabetisk neuropati, som ofta bara försämras över tid. Här fortsatte förbättringen trots att patienten fortfarande hade diabetes.

I en kommande studie hänvisar Dr. Anderson till patienter som fortsatte förbättras i fem till sex år efter operationen – trots oförändrat blodsocker. Det tyder på att det mekaniska trycket i sig varit en avgörande faktor.

5. Är vissa människor födda med trängre tunnlar?

(WOW! Här kanske vi har nyckeln till bot för många drabbade)

En sista tanke från Dr. Anderson är att vissa människor kan vara medfödda med smalare eller stelare nervtunnlar. Det skulle kunna förklara varför vissa drabbas av karpaltunnelsyndrom vid minsta belastning, medan andra aldrig får det – trots ett helt liv av tungt arbete.

Det kan också ge ny förståelse för varför RLS ofta går i familjer. Kanske handlar det inte bara om ärftliga skillnader i dopaminsystemet – utan också om ärvda anatomiska skillnader som först blir problematiska när sockerhalten stiger.

Ett nytt sätt att förstå nervsmärta

Om Dr. Anderson har rätt – och mycket tyder på att han har det – så behöver vi ompröva vår förståelse av både RLS och nervsmärta vid diabetes.

Det handlar inte bara om kemisk skada från blodsocker. Det handlar om en mekanisk process, där svullna nerver pressas genom trånga, nervkanaler.

För många kan det innebära att kirurgisk nervavlastning, i kombination med livsstilsförändringar som fasta, ketogen kost eller blodsockerkontroll, faktiskt ger verklig och långvarig lindring

"Restless Legs är kanske inte bara något som drabbar dig. Det kan vara något din kropp försöker säga dig."

Mitt protokoll för RLS/WED: Vägen till ett normalt liv

Här vill jag dela med mig av mitt protokoll, en sammanställning av de tillskott och preparat jag tar regelbundet. De har lett till en förbättring av mina symtom som jag inte trodde var möjlig.

Från medicin till mirakel: Min resa mot lindring av RLS/WED

Under lång tid tog jag maxdoser av en dopaminagonister i kombination med smärtstillande läkemedel. Det är oklart hur långvarig medicinering har påverkat min kropp och dopaminfunktion, men troligtvis har dopaminagonisten förstärkt symtomen. Min strategi är att gradvis minska medicineringen för att ge kroppen tid att återhämta sig.

En paradox i behandlingen

Om du behandlas med en dopaminagonist, ett läkemedel som verkar via dopaminreceptorer, eller något annat dopaminergt läkemedel kan behandlingen ha förvärrat dina symtom.

Att abrupt sluta med den behandlingen ka ge svåra utsättningssymtom, speciellt om du haft en högre dos under en längre tid.

Men det är ingenting som säger att du nödvändigtvis måste sluta helt med din medicin. En låg dos dopaminagonist tillsammans med aktiva B-vitaminer, vitamin D , järn och magnesium kan vara en framkomlig väg. Prova dig fram.

Konsultera alltid läkare när du behöver göra förändringar i din medicinering.

Svaren finns i vårt DNA

Det var först i modern tid som forskarna började förstå hur DNA variationer kan kopplas till olika sjukdomstillstånd.

På 1970-talet började man utforska genetiska kopplingar till sjukdomar, men saknade verktygen för att förstå hur genmutationer påverkar vår hälsa. Det var först på 1990-talet, när man började kartlägga människans arvsmassa genom Human Genome Project, som vi började se tydligare samband mellan specifika genetiska förändringar och sjukdomar, särskilt neurologiska problem.

På 2000-talet blev DNA-tester tillgängliga

Med 2000-talet öppnades nya möjligheter att utforska våra gener. Genetiska tester blev tillgängliga för allmänheten, vilket gjorde det möjligt för människor att upptäcka sina genetiska riskfaktorer. Detta gav en bättre förståelse för varför vissa är mer mottagliga för sjukdomar, som neurologiska besvär och kroniska tillstånd, baserat på sitt DNA.

Genom att analysera DNA kan vi nu identifiera specifika mutationer som bidrar till sjukdomsutveckling och använda den kunskapen för att erbjuda mer riktad och effektiv vård. Detta har haft stor betydelse för sjukdomar som påverkar nervsystemet, men även för många andra kroniska tillstånd.

Efter 300 år av forskning: Äntligen kan vi behandla orsakerna till RLS/WED

Från Thomas Willis första observationer till dagens avancerade genetiska forskning har vi gjort enorma framsteg. Vi har nu verktygen för att förstå vad som orsakar många sjukdomar och hur de bäst kan behandlas. Det som en gång var ett mysterium börjar nu klarna, och vi kan se framåt mot en framtid där sjukdomar kan förebyggas och behandlas på ett mer personligt och precist sätt.

Restless Legs Syndrom: Utforska de underliggande orsakerna och vägar till lindring

Att förstå orsakerna bakom Restless Legs Syndrom (RLS) är avgörande för att hitta rätt behandling. Här går vi igenom flera möjliga faktorer, inklusive genetiska variationer, näringsobalanser och funktionell B12-brist, som kan påverka RLS-symtom och hur du kan upptäcka dem.

Restless legs syndrom (RLS) är en multifaktoriell sjukdom där flera faktorer samverkar och kan bidra till uppkomsten av RLS-symtom.

(1) MTHFR-genen och metylering: En genetisk faktor att överväga

Variationer i MTHFR-genen påverkar kroppens förmåga att genomföra metylering. Denna biokemiska process är avgörande för att använda viktiga näringsämnen som B12, B6, folat (B9), magnesium och zink. Metylering är central för nervsystemets funktion, och när processen inte fungerar optimalt kan det leda till brister på dessa näringsämnen, vilket i sin tur kan orsaka nedsatt nervfunktion och neurologiska symtom, som till exempel Restless legs syndrom (RLS).

Trög, nedsatt eller obefintlig metylering

Personer med en eller två mutationer i MTHFR-genen har ofta en nedsatt metyleringsförmåga. En enkel mutation kan innebära en viss nedsättning, medan en dubbel mutation kraftigt försämrar metyleringen. Detta kan leda till att kroppen får svårt att omvandla och använda B6, B9, B12, magnesium och zink effektivt, vilket ökar risken för brist på dessa ämnen. Dessa näringsbrister är viktiga för nervsystemets hälsa och kroppens biokemiska balans och kan även indirekt bidra till järnbrist.

Även om det är MTHFR-genen som fått mest uppmärksamhet i media på grund av dess koppling till olika kroniska sjukdomstillstånd, så är den inte ensam ansvarig för metyleringscykeln. Kanske inte heller alltid den mest avgörande beroende på sammanhanget. Det finns flera andra gener som också påverkar metyleringen och bidrar till att reglera denna komplexa biokemiska process.

Här är några andra viktiga gener kopplade till metylering:

MTR, MTRR, BHMT, COMT, CBS, PEMT, DNMT, GNMT, SHMT, TCN2, LOH1.

Genom att göra ett DNA-metyleringstest som specifikt undersöker de gener som är kopplade till metyleringscykeln, kan du identifiera om

317

denna genetiska faktor bidrar till dina symtom. Detta test kan ge dig värdefull information om du behöver justera ditt intag av metylerade B-vitaminer och andra näringsämnen, som magnesium och zink, för att förbättra din nervfunktion och hälsa

Andra genvarianter som ökar risken för RLS

Som jag nämnt tidigare i boken så har forskning visat att även andra genvarianter kan bidra till uppkomsten av RLS. Till exempel BTBD9, MEIS1, MAP2K5/LBXCOR1, och PTPRD. Dessa gener påverkar neurologiska funktioner och bidrar till symtomutvecklingen.

Lösning: Tillskott av B-vitaminer i aktiv form, magnesium, järn och zink.

(2) GABA och glutamat: En obalans som påverkar nervsystemet

Signalsubstanserna GABA och glutamat är centrala för att upprätthålla balansen i ditt nervsystem. GABA fungerar som en lugnande substans, medan glutamat verkar stimulerande. Vid RLS kan en obalans mellan dessa två signalsubstanser resultera i ett överaktivt nervsystem, vilket förvärrar symtomen. Genom att testa dina GABA- och glutamatnivåer kan du upptäcka om det finns en obalans och därmed arbeta mot att åtgärda detta för att lindra RLS. Genetiska variationer i bland annat MTHFR-genen kan orsaka sådan obalans.
318

Lösning: Tillskott av GABA. Normalisera homocystein nivåerna, tillskott av B-vitaminer i aktiv form, magnesium, järn och zink.

(3) NMDA-receptorer: Överaktiva nervbanor och deras roll i RLS

NMDA-receptorer reglerar nervsignalering, och när de blir överaktiva kan det leda till att nervcellerna blir överstimulerade. Detta kan orsaka krypande och rastlösa känslor i benen som är karakteristiska för RLS. Magnesium är känt för att blockera dessa receptorer och kan bidra till att minska överstimuleringen. Genom att göra ett magnesiumtest – antingen genom serum- eller RBC-magnesium – kan du ta reda på om magnesiumbrist är en underliggande orsak till dina symtom och om tillskott kan vara en effektiv behandling.

Mutationer i gener som GRIN-generna, som kodar för NMDA-receptorer, kan öka deras benägenhet för överaktivering. Sådana genetiska variationer kan öka känsligheten för glutamat och därmed öka risken för överstimulering av NMDA-receptorerna.

Lösning: Tillskott av magnesium, till exempel magnesiumtreonat, magnesiumbisglycenat eller magnesiummalat.

(4) D-vitamin och dess roll i nervhälsa: Genetiska variationer som påverkar upptaget

D-vitaminbrist kan bidra till RLS, särskilt om genetiska variationer påverkar kroppens förmåga att ta upp och använda D-vitamin. D-vitamin spelar en viktig roll i nervsystemets hälsa och dopaminreglering. Ett blodprov som mäter D-vitaminnivåerna kan ge dig en bild av din D-vitaminstatus och hjälpa dig avgöra om tillskott behövs för att lindra dina RLS-symtom. Genetiska variationer i VDR-genen, som påverkar D-vitaminreceptorer, kan också vara värda att undersöka för att förstå hur din kropp bearbetar D-vitamin.

Lösning: Tillskott av D-vitamin.

(5) Funktionell B12-brist: När blodprovet ljuger

Om du har variationer i MTHFR-genen, vilket innebär nedsatt metyleringsförmåga, kan det finnas en ökad risk för funktionell B12-brist. Vid nedsatt metylering kan kroppen ha svårt att omvandla vitamin B12 till dess aktiva form, metylkobalamin, som är nödvändig för viktiga processer som nervhälsa och dopaminproduktion. Detta fenomen, kallat funktionell B12-brist, innebär att även om blodprovet visar normala B12-nivåer kan kroppen ändå ha brist på aktivt B12.

320

Symtom på funktionell B12-brist kan inkludera trötthet, kognitiva svårigheter, domningar och Restless legs syndrom (RLS), eftersom nervsystemet påverkas när metylkobalamin är otillräckligt. För att upptäcka funktionell B12-brist kan specifika tester som mäter metylmalonsyra (MMA) och homocystein användas; förhöjda nivåer av dessa ämnen indikerar att kroppen inte använder B12 effektivt.

Vid en konstaterad brist kan tillskott av B12 i dess aktiva form, metylkobalamin, vara fördelaktigt för att stödja nervfunktionen och lindra symtom som RLS.

Lösning: Tillskott av B-vitaminer i aktiv form, magnesium, järn och zink.

(6) Funktionell järnbrist på grund av nedsatt metylering

Nedsatt metylering kan leda till järnbrist genom att störa produktionen av hemoglobin och röda blodkroppar, som kräver en effektiv metyleringsprocess. Nedsatt metylering kan också försämra upptaget och transporten av järn, vilket minskar järnlagren och leder till brist, särskilt i vävnader som är beroende av järn för syretransport och energiproduktion

Lösning: Tillskott av järn

(7) Kaliumbrist eller obalans i elektrolyter

Elektrolytobalans, särskilt mellan kalium och natrium, kan påverka nervsystemet och orsaka symtom som liknar RLS. Kalium och natrium är viktiga för att nervceller ska kunna skicka signaler korrekt, och en rubbad balans mellan dessa elektrolyter kan störa nervsignaleringen, vilket kan bidra till ryckningar, kramper och ett obehagligt rörelsebehov i benen – typiska symtom vid RLS. Min uppfattning är att personer med RLS är extra känsliga för obalans i elektrolyter.

Flera faktorer kan leda till brist eller obalans. Överdriven alkoholkonsumtion, urindrivande läkemedel, insulin, processad mat, svettningar.

Jag står under insulinbehandling och tar en blodtrycksmedicin som är vätskedrivande. Jag får lätt kaliumobalans, vilket ger kraftiga RLS-symtom som stickningar i armarna och intensiva ryckningar i benen – mycket obehagligt.

Lösning: Tillskott av kalium

(8) Svullna nerver och trånga nervkanaler

En spännande möjlig orsak till RLS som flera forskare och kliniker har börjat titta närmare på, är att symtomen kan uppstå när nerver svullnar

322

och hamnar i kläm i trånga passager – så kallade nervkanaler. I vissa fall kan man ha en medfödd benägenhet för trånga nervkanaler, men svullnaden i sig kan också triggas av andra faktorer – till exempel högt blodsocker, inflammation, eller brist på magnesium, som påverkar nervcellernas vätskebalans och excitabilitet.

Den här teorin skulle kunna förklara varför vissa personer med RLS även har symtom som liknar karpaltunnelsyndrom eller neuropati – tillstånd som också involverar nervinklämning. Insulin ökar vätskeretention, en kost som minskar kroppens behov av insulin hos diabetiker kanske kan hjälpa. Det är fortfarande en relativt ny hypotes, men definitivt värd att utforska vidare

Lösning: Kirurgi, fasta, ketogen kost, kosttillskott bland annat magnesium. Bra blodsockerkontroll.

Slutsats

Genom att undersöka dessa olika faktorer kan du få en tydligare bild av vad som ligger bakom dina RLS-symtom. Genom genetiska tester, blodprover och näringsanalyser kan du anpassa din behandling och öka dina chanser till lindring. Det är viktigt att rådgöra med en läkare eller specialist som kan vägleda dig genom dessa tester och hjälpa dig tolka resultaten.

Rätt dosering, stora förändringar: Hitta din optimala hälsorutin

Jag är inte läkare och ger därför inga specifika doseringsråd. Jag rekommenderar alla att rådgöra med sin läkare eller farmaceut. Dina symtoms intensitet kommer troligen att påverka hur mycket tillskott du behöver.

Skräddarsydd behandling: Anpassa tillskotten för maximal effekt

Jag är övertygad om att alla som lider av restless legs kan bli betydligt bättre genom att ta tillskott av rätt vitamin B, D, magnesium och järn – i rätt form och dos. Jag tar många olika preparat, vilket du kanske inte behöver göra. Jag delar med mig av allt jag tar för att ge en uppfattning om vad du själv kan experimentera med. Vi är alla olika, och det kan finnas olika underliggande orsaker till våra symtom.

Avkoda ditt DNA: En individuell behandlingsväg för Restless Legs

Om du lider av måttliga eller svåra besvär av Restless Legs syndrom (RLS), rekommenderar jag att du genomgår ett DNA-metyleringstest. Det är en fördel att veta om du har genetiska variationer i MTHFR-genen eller andra gener som påverkar din metyleringscykel. Denna kunskap hjälper dig att förstå orsakerna bakom dina problem och vad du kan göra för att kompensera för bristerna som nedsatt metylering kan orsaka. Alla preparat som nämns här finns beskrivna mer ingående i andra delar av boken.

Min uppfattning är tydlig: Om du har svåra RLS-symtom så har du sannolikt en eller två variationer i din MTHFR-gen. Med normala gener hade du inte haft några RLS-symtom. Notera att jag inte har något vetenskapligt stöd för min uppfattning.

Restless legs är en sjukdom eller ett tillstånd med smärtsyndrom som har genetiska orsaker. Symtomen går att lindra eller bota genom kosttillskott och livsstil.

Viktigt att förstå att jag inte menar att du ska ta vitamintillskott i stället för dina mediciner. Rådgör alltid med din läkare.

Grundläggande behandlingsplan för svåra RLS-besvär

Järn (icke-hemjärn – non-heme iron)

B-vitaminer:

Benfotiamin (B1)

TTFD B1 (Thiamine Tetrahydrofurfuryl Disulfide)

FMN (Flavinmononukleotid, aktiv form av vitamin B2)

Niacin (Vitamin B3)

P-5-P (Pyridoxal-5-Phosphate, aktiv form av B6)

Biotin (Vitamin B7)

5-MTHF (metylerad, aktiv form av folat – vitamin B9)

Methylcobalamin (metylerad, aktiv form av vitamin B12)

Benfotiamin och TTFD är två kraftfulla former av tiamin utvecklade i Japan med hög biotillgänglighet som stöder nervhälsa. TTFD når hjärnan och stimulerar dopaminproduktionen samt dopaminreceptorerna. Sulbutiamin, ytterligare form av B1, motverkar trötthet och ökar mental skärpa.

Som jag nämnt tidigare i boken så är tiamin en viktig del i behandlingen av restless legs. Nöj dig därför inte med något annat än de jag rekommenderar.

B-vitaminkomplex: Ett komplex av metylerade B-vitaminer kan förenkla din rutin och ersätta flera burkar. Jag rekommenderar dock att ta extra B1-tiamin, då de flesta komplex innehåller former av B1 med lägre kvalitet. De vanligaste B-vitaminerna som finns i metylerad form i kosttillskott är B12 (metylkobalamin), B9 (metylfolat/5-MTHF) och B6 (P5P eller pyridoxal-5-fosfat). Dessa former är redan aktiverade och kan användas direkt av kroppen, vilket gör dem särskilt viktiga för personer med genetiska variationer som påverkar metyleringsprocessen, såsom mutationer i MTHFR-genen.

5-MTHF (aktiv form av folat – vitamin B9)

B-vitaminer i metylerad form har en tendens att metaboliseras snabbt hos personer med trög metylering. Gäller i synnerhet B9. Om du tar metylerade B-vitaminer som tillskott, dela upp dosen till 2-3 gånger under dagen för bästa effekt.

Magnesium:

Magnesiumbisglycinat

Magnesiumtreonat

Magnesiummalat

Magnesiumtaurat

Dessa magnesiumtyper har hög biotillgänglighet och passerar blod-hjärnbarriären, vilket gör dem särskilt effektiva. Växla mellan dessa fyra sorter.

Kalium

Om du har stickningar i armar eller ben, eller intensiva ryckningar eller sammandragningar kan du prova att ta kaliumtillskott. Om besvären orsakas av elektrolytobalans så försvinner besvären snabbt. Om kalium hjälper så bör du utreda vad obalansen beror på.

Övriga Viktiga tillskott:

Vitamin D3

Selen

Zink

TMG (Trimetylglycin, även kallat betain, stöder metylering)

Att få i sig tillräckligt med D-vitamin genom kosten är en utmaning. Troligtvis behöver vi tillskott i en hög dos.

Vid neuropatisk smärta kombinerad med RLS/WED, ta B1 (Benfotiamin) tillsammans med agmatin och liposomal ALA, som har visat sig vara mycket effektivt.

Smärtlindring och symtomhantering vid RLS:

Cat's Claw (tinktur)

Djävulsklo

Vitpil

Gurkmeja

CBD-olja

PEA (Palmitoyletanolamid)

Akut neuropatisk nervsmärta:

Tiamincoctail (vitamin B1)

Gör en tiamincoctail bestående av benfotiamin, ttfd och/eller sulbutiamin. Min dos ligger kring 1 200 - 1 600 mg, vilket motsvarar cirka 5-6 kapslar. Det tar 2–3 timmar innan full effekt. Om du inte upplever tillräcklig lindring kan du prova att lägga till vitamin B6 och B12. Magnesiumglycinat kan också vara till hjälp.

Gravida kvinnor ska inte ta mer än 100 mg

För bättre sömn:

Melatonin

Pascflair - passionsblomma

CBD-olja

Pregnenolon

GABA

Magnesiumbisglycinat – även känt som "naturens valium"

Metyleringsstöd:

TMG (Trimetylglycin)

Undvik:

Kaffe

Alkohol

Tobak

Långvarigt stående

Tunga lyft

Andra potenta tillskott:

Pregnenolone

Sulbutiamin (B1)

Liposomal GABA

L-tyrosin

Inositol (Vitamin B8)

Pycnogenol

Lion's Mane

Inledningsvis kan större doser vara nödvändiga. När din kropp börjar återhämta sig kan du troligtvis gradvis minska doserna. Justera doseringen efter intensiteten på dina besvär och rådgör med en läkare innan du tar större doser.

Yoga: Avlasta ditt nervsystem

Yogaövningar som förbättrar andningen och avlastar trycket på nerverna kan påskynda din rehabilitering. I min dagliga rutin avsätter jag 15 minuter för att göra cobra pose en till två gånger om dagen. Det var första gången jag märkte något som verkligen gjorde skillnad. Hitta övningar som passar dig.

Jobbiga nätter

Sätt dig upp i sängen med fötterna i golvet. Smörj in vaderna med Voltaren gel. Sitt på sängkanten med fötterna i golvet 10–20 minuter tills allt obehag försvunnit. Lyssna på något intressant på YouTube under tiden.

Många med RLS har ett överaktivt nervsystem

För många innebär RLS/WED ökad smärtkänslighet och ett överaktivt nervsystem som förstärker smärtsignaler och obehagskänslor. Därför ska du inte underskatta yogaövningar – de har en större effekt än vad man kan tro.

Håll koll på medicininteraktioner:

Kontrollera om du tar mediciner som kan påverka upptaget av B-vitaminer och planera dina tillskott därefter, utan att kompromissa med dina läkemedel. Om du har använt dopaminagonist i höga doser under längre tid, kan en gradvis minskning vara nödvändig för att undvika utsättningssymtom – alltid i samråd med läkare.

Skräddarsydd behandling: Anpassa tillskotten för bästa effekt

De flesta med RLS kan sannolikt uppleva stora förbättringar med extra tillskott av B-vitamin, D-vitamin, magnesium och järn, men rätt dosering och tillskott är avgörande. Prova dig fram och justera tillskotten baserat på dina individuella behov och genetiska förutsättningar.

Resan mot bättring: Ha tålamod och ge det tid

Att återhämta sig kan ta tid, och det krävs tålamod. Ibland går det framåt, ibland bakåt – men det är viktigt att fortsätta och inte ge upp. Ge kroppen rätt förutsättningar så kommer ditt nervsystem att läka. Tålamod blir din bästa vän.

Frågor om tillskott eller tips på testföretag eller online butiker, gå till hemsidan.

Jack.bloom@restlesslegssyndrom.com

www.restlesslegssyndrom.com

334

Del 3 – Biohacks för restless Legs

"Biohacking innebär att man slutar se sig själv som ett offer för sina gener, ödet eller omständigheterna, och i stället tar kontroll över sin egen biologi och hälsa. Målet är att leva längre och friskare, och att utveckla den bästa versionen av sig själv."

– Jack bloom

Kosttillskott och biohacks för restless Legs

I denna del presenterar jag en mängd biohacks som du kan prova för att lindra dina restless legs-symtom. Här hittar du en rad kosttillskott, hjälpmedel och behandlingsmetoder som kan vara värdefulla att överväga.

Observera följande

Prova på egen risk, och konsultera läkare om det behövs. Som med många kosttillskott och behandlingar kan effekten variera från person till person. Vissa upplever en markant förbättring av sina RLS-symtom, medan andra kanske inte upplever någon effekt.

Dessa biohacks och kosttillskott kan vara värdefulla verktyg i din strävan att lindra restless legs-symtom och förbättra din övergripande hälsa. Välj de som passar din situation bäst, och prova dig fram för att hitta den kombination som ger dig bästa möjliga resultat.

Du behöver inte köpa hela butiken

Jag listar många olika tillskott, men det betyder inte att du behöver prova alla. Restless legs är en komplex, mångfaktoriell sjukdom som kan ha flera underliggande orsaker. Målet är att ge dig en uppsättning verktyg och alternativ att välja mellan. Det viktigaste är att hitta det som fungerar för dig.

Att adressera olika aspekter av sjukdomen

Om du, som jag, har problem med metyleringscykeln, kan det vara en bra idé att stötta den processen genom att använda kosttillskott med metylerade B-vitaminer och andra preparat som MSM, TMG och kreatin. Bor du i ett land med selenfattiga jordar eller långa vintrar, kan selentillskott och D-vitamin vara bra komplement. Vitamin C kan förbättra ditt järnupptag, vilket är viktigt för att motverka järnbrist – som ofta är kopplat till restless legs.

Alternativ till Parkinson-medicin och opiater

Mitt mål är att hjälpa dig hitta naturliga alternativ till läkemedel som ofta används vid svåra fall av RLS, såsom Parkinson-mediciner och opioider. Genom att behandla grundorsaker, som exempelvis nedsatt metylering, kan du minska behovet av dessa läkemedel.

Trög metylering: En potentiell grundorsak

En nedsatt metyleringsprocess kan vara en av de bakomliggande orsakerna till restless legs och andra hälsoproblem. När metyleringen fungerar dåligt, kan kroppen ha svårt att omvandla viktiga vitaminer och mineraler till deras aktiva former, vilket kan leda till brist på bland annat B6, B9, B12, magnesium, selen och zink.

TMG – Trimetylglycin

Trimetylglycin (TMG), även kallat betain, är en aminosyra som spelar flera viktiga roller i kroppen. TMG stöder den kritiska metyleringsprocessen, vilket hjälper till att omvandla vissa B-vitaminer till deras aktiva former.

Sänkning av Homocystein

En av TMG:s huvudfunktioner är att sänka nivåerna av homocystein –
en aminosyra som, vid förhöjda nivåer, kan öka risken för hjärt-
kärlsjukdomar. TMG omvandlar homocystein till metionin, vilket
minskar dess skadliga effekter. Dessutom hjälper TMG till att balansera
kroppens nivåer av dopamin och serotonin, vilket kan vara särskilt
viktigt för att hantera både humör och nervfunktioner.

MSM – Methylsulfonylmethane

Methylsulfonylmethane (MSM) är ett kosttillskott som hjälper till att
sänka homocysteinnivåerna genom att stödja metylering och avgiftning.
MSM minskar också oxidativ stress och är särskilt fördelaktigt för
personer som lider av kronisk smärta och inflammation. Svavel, som är
en nyckelkomponent i MSM, spelar en viktig roll i metyleringscykeln.
Svavel behövs för att producera och återvinna glutation, en kraftfull
antioxidant som skyddar celler mot skador.

Eftersom RLS kan vara kopplat till dopaminobalans och inflammation i
nervsystemet, finns indikationer på att MSM kan hjälpa till att lindra
symtom genom att minska inflammation och stödja nervhälsa.

Selen

Selen är en essentiell mineral som kroppen behöver i små mängder för olika biokemiska processer. Forskning antyder att selen kan ha en roll i nervsystemets funktion, men det finns i nuläget begränsad evidens för att selen specifikt kan hjälpa mot RLS.

Forskning pågår

Trots bristen på omfattande bevis på sambandet mellan selen och RLS, pågår forskning inom området. En iransk studie från 2010 med 68 deltagare som led av RLS undersökte effekten av selen. Studien, som övervakades av neurologer, delade in deltagarna i två grupper. En grupp fick placebo medan den andra gruppen fick 50–200 mikrogram selen dagligen. Resultaten visade att gruppen som fick selen upplevde betydligt bättre resultat än placebogruppen.

Den ansvariga forskaren kommenterade:

"Selen i en daglig dos på 50 mikrogram minskar RLS-symtom, vilket kan bero på förbättring av dopaminsystemet. På grund av frånvaro av biverkningar kan vi rekommendera administrering av selen, antingen som komplement till eller istället för dopaminagonist, för att lindra RLS-symtom."

Forskarna föreslog alltså att selen kan vara ett bättre alternativ än Parkinson-läkemedel för behandling av RLS.

Selenbrist i selenfattiga områden

Selenbrist är vanligt i länder som Sverige, där jordarna är fattiga på selen. Tillräckligt intag av selen är viktigt för ledhälsa, cellmetabolism, muskelfunktion, hjärthälsa och immunförsvar. Det har även föreslagits att selen kan skydda mot vissa typer av cancer, såsom prostatacancer.

I medicinsk litteratur nämns ofta att muskelsymtom är vanliga vid selenbrist. Är det möjligt att symtom som växtvärk, vadkramper och restless legs i själva verket är tecken på selenbrist?

Tillskott av selen

Om du funderar på att pröva selen som tillskott, rekommenderas en dos på 50-200 mikrogram per dag. För barn bör dosen inte överstiga 50 mikrogram per dag, vilket är den rekommenderade dagliga dosen för den åldersgruppen. Ha tålamod, eftersom resultaten inte kommer omedelbart. Om selen hjälper mot dina besvär kan du förvänta dig en förbättring inom en till två månader

GABA: Den Lugnande Signalsubstansen

GABA är en viktig neurotransmittor som fungerar som en hämmande signalsubstans i det centrala nervsystemet. Dess främsta funktion är att bromsa impulser mellan nervceller, vilket hjälper till att lugna ned aktivitet och förhindra att nervceller överstimuleras. Effekten skapar en känsla av avslappning och lugn, vilket gör GABA till en vanlig ingrediens i kosttillskott som syftar till att främja avslappning och förbättra sömnkvaliteten. Forskning har visat att personer med sömnstörningar ofta har låga GABA-nivåer, och att tillskott av GABA kan bidra till förbättrad sömn.

GABA och RLS: Vad säger forskningen?

För personer med restless legs syndrom (RLS) finns teorier om att obalanser i neurotransmittorsystemet, särskilt dopamin och järn, kan bidra till symtomen. GABA har också identifierats som en möjlig faktor i denna process. Forskning har visat att individer med RLS kan ha lägre nivåer av GABA i vissa delar av hjärnan, vilket kan leda till ökad neuronal excitabilitet och därmed förstärka symtomen.

GABA-brist och dess effekter

Stress och livsstil kan tömma kroppens GABA, vilket leder till symtom som ångest, depression, dålig sömn, humörsvängningar och fysiska problem som skakningar. GABA-brist är kopplat till ett syndrom kallat "GABA Deficiency Syndrome," vilket kan kraftigt påverka både det emotionella och fysiska välmåendet.

Faktorer som tömmer GABA

Stress, dålig kost (låg proteinhalt eller vegetarisk), intensiv träning, infektioner samt brist på magnesium och vitamin B6 kan bidra till GABA-brist. Utan tillräckligt med glutamin (som omvandlas till glutamat och sedan GABA) kan det bli svårt att slappna av, vilket skapar en ond cirkel av stress och dålig återhämtning.

GABA-tillskott och RLS: Effekt och försiktighetsåtgärder

Även om vissa personer med RLS rapporterar lindring av sina symtom genom att använda GABA-tillskott, är forskningen på området begränsad och resultaten varierar. Vissa studier har visat att GABA kan ha en positiv effekt på RLS-symtom, medan andra inte har kunnat bekräfta detta.

342

Påverkan på motoriska systemet

Brist på GABA kan leda till att det motoriska systemet fungerar dåligt, vilket kan bidra till tillstånd som Parkinsons sjukdom, demens och neurodegenerativa sjukdomar. GABA spelar en grundläggande roll för att basalganglierna och lillhjärnan ska fungera korrekt, som båda är viktiga för rörelse och motorisk kontroll.

Basalganglier och GABA

GABA är avgörande för att basalganglierna (en grupp nervceller djupt inne i hjärnan) ska fungera ordentligt, särskilt för att förhindra överdriven hjärnaktivitet. Lillhjärnan, som anses vara en av de viktigaste delarna av hjärnan, är också starkt beroende av GABA för att reglera motoriska funktioner. Brist på GABA kan förvärra rörelsestörningar.

Glutamat och GABA: Reglering av hjärnans signaler

GABA spelar en central roll i hjärnans funktion och samverkar med glutamat, en annan viktig signalsubstans. Medan glutamat ökar hjärnans aktivitet, har GABA den motsatta effekten genom att dämpa överstimulering. Tillsammans ansvarar dessa två signalsubstanser för 80 % av all signalöverföring i hjärnan.

I en studie från Johns Hopkins University upptäckte man att personer med RLS hade förhöjda nivåer av glutamat i hjärnan. Ju högre glutamatnivåer, desto sämre sömnkvalitet. Det är vanligt för personer med sömnsvårigheter, vars tankar ofta rusar, har låga nivåer av GABA och förhöjda nivåer av glutamat.

Höga glutamatnivåer och neurologiska sjukdomar

Höga glutamatnivåer har även kopplats till neurologiska sjukdomar som ALS, Alzheimers och Parkinsons sjukdom. En svensk forskare, Robert Olin, har föreslagit att förhöjda glutamatnivåer kan bidra till ökad smärtkänslighet och vara en bakomliggande faktor för fibromyalgi.

Näringsämnen som sänker glutamatnivåer

Näringsämnen som vitamin B12, l-karnitin, kolin, vitamin C och vitamin E, har visat sig kunna sänka glutamatnivåerna. Genom att hålla glutamatnivåerna under kontroll kan man bidra till att minska symtom relaterade till överaktivitet i nervsystemet, vilket kan vara till hjälp för personer med RLS.

Glycin: Nyckeln till avslappning och bättre sömn för RLS-drabbade

Glycin är en aminosyra som spelar en viktig roll i proteinsyntesen och fungerar även som en neurotransmittor. Precis som GABA är glycin en hämmande signalsubstans, vilket innebär att den hjälper till att reglera nervaktivitet, främja avslappning och förbättra sömnen. Genom att förhindra överstimulering av nervceller kan glycin bidra till att minska nervositet och främja en känsla av lugn. Forskning har också visat att glycin kan förbättra sömnkvaliteten och minska trötthet genom att lugna nervsystemet.

Utöver sina lugnande effekter har glycin antiinflammatoriska egenskaper och spelar en central roll i kroppens produktion av kollagen, som är avgörande för uppbyggnaden av hud, senor och ben.

Glycin och RLS: kan denna aminosyra lindra nattliga obehag?

Eftersom Restless Legs Syndrom (RLS) ofta förvärras på natten och stör sömnen, kan glycinets lugnande effekt vara relevant för att lindra RLS-symtom. Genom att minska överstimulering av nervceller kan glycin bidra till att dämpa obehag och muskelryckningar som är vanliga vid RLS. Även om forskningen kring glycinets effekt på RLS är begränsad,

345

kan det vara ett naturligt tillskott att överväga för att förbättra
sömnkvaliteten och minska nattliga besvär.

SAM-e (S-adenosylmethionin): Ett viktigt Tillskott för metylering och nervhälsa

För personer med nedsatt metylering kan SAM-e vara ett betydelsefullt
kosttillskott. SAM-e är en molekyl som naturligt förekommer i kroppen
och har en central roll i flera biokemiska processer, inklusive metylering,
avgiftning och syntesen av neurotransmittorer som dopamin, serotonin
och noradrenalin.

SAM-e är inte bara viktigt för att stödja nervsystemet och produktionen
av dopamin, utan det hjälper även till att reglera humör och mental
hälsa. Det har därför relevans för behandling av tillstånd som
depression, ångest och Restless legs syndrom (RLS). Genom att förbättra
metyleringsprocessen och stötta kroppens naturliga produktion av
viktiga signalsubstanser, kan SAM-e vara ett effektivt tillskott för
personer som upplever RLS-relaterade symtom och andra neurologiska
tillstånd.

ALA (Alfa-liponsyra)

Alfa-liponsyra, eller ALA, är en fettsyra som förekommer naturligt i kött och gröna bladgrönsaker. ALA har blivit ett populärt tillskott tack vare sina kraftfulla antioxidativa egenskaper som skyddar cellerna mot skador från fria radikaler. ALA anses som en av de mest kraftfulla antioxidantern.

Hälsofördelar med ALA

ALA har flera fördelar för hälsan. Det kan förbättra insulinkänsligheten, främja blodsockerkontroll, minska sötsug, stödja viktnedgång och skydda mot nervskador. Dessutom stärker det levern, ögonen och nervsystemet och förbättrar blodcirkulationen.

En studie av Linda Marthin vid Umeå universitet undersökte ALA effekter på diabetesneuropati. (2) I tre kliniska studier såg man signifikanta förbättringar hos personer med neuropatiska symtom, som domningar, stickningar och smärta, när de behandlades med ALA jämfört med placebo. Flera personer med Restless Legs Syndrom (RLS) har även rapporterat positiva resultat med ALA; en bekant till mig behandlar sig själv framgångsrikt enbart med ALA.

Personligen har jag använt ALA i över tio år och tar det i liposomal form, vilket ökar dess biotillgänglighet.

Agmatin

Agmatin bildas från L-arginin i kroppen och fungerar som neurotransmittor och neuromodulator. Det finns även naturligt i vissa jästa livsmedel. Agmatin har visat potential inom behandling av neuropatisk smärta och beroendetillstånd, enligt djurstudier.

Hälsofördelar med Agmatin

Agmatin bidrar till smärtlindring genom att modulera neurotransmittorer som glutamat och kväveoxid, vilket stöder neurologisk hälsa och kan hjälpa vid kronisk smärta och inflammatoriska tillstånd. Det har även antidepressiva och ångestdämpande egenskaper och kan förbättra insulinsekretion och

glukosmetabolism, vilket är intressant för diabetesforskning. För kardiovaskulär hälsa kan agmatin reglera blodtryck genom kväveoxidproduktion, och det har neuroprotektiva egenskaper som skyddar nervceller vid tillstånd som stroke och neurodegenerativa sjukdomar.

Användning och Dosering

Agmatin används som kosttillskott, men doseringen varierar och några fastställda standarddoser saknas. En studie använde doser på 1 300–2

670 mg dagligen för neuropatisk smärta, och vissa mindre studier rapporterade att patienter med olika typer av neuropatisk smärta upplevde symtomlindring efter att ha tagit agmatinsulfat.

Lion's Mane (Hericium erinaceus) – Igelkottstaggsvamp

Lion's Mane, eller igelkottstaggsvamp, är en medicinsk svamp med lång tradition inom kinesisk medicin och erbjuder flera fördelar som kan lindra Restless Legs Syndrom (RLS).

Förebyggande och lindring av nervskador

Genom att stimulera nervtillväxtfaktor (NGF) bidrar Lion's Mane till nervhälsa och kan därmed skydda mot neurodegenerativa sjukdomar som Alzheimers och Parkinsons. Förbättrad nervfunktion är särskilt relevant vid RLS, där neurologiska störningar ofta är en bidragande faktor.

Antiinflammatoriska egenskaper

Svampens kraftfulla antiinflammatoriska egenskaper kan minska inflammation som annars kan förvärra RLS-symtomen. Minskad inflammation kan på så sätt bidra till en bättre livskvalitet för dem som drabbas.

Förbättrad sömnkvalitet

Sömnproblem är vanliga bland personer med RLS, och Lion's Mane kan förbättra sömnkvaliteten, vilket i sin tur främjar kroppens återhämtning. Dess lugnande egenskaper hjälper också till att minska stress och ångest, vilka är kända för att förvärra RLS-symtom. Dessutom har Lion's Mane probiotiska effekter som stöder en balanserad tarmflora. Detta kan vara särskilt relevant för RLS, eftersom obalans i tarmfloran påverkar kroppens signalsubstanser och kan förvärra symtomen.

Stöder Nervhälsa

Lion's Mane hjälper även till att reglera blodsockernivåerna genom att öka insulinkänsligheten, vilket är fördelaktigt för personer med insulinresistens eller diabetes som har högre risk för nervrelaterade problem som RLS. Antioxidanterna i Lion's Mane skyddar dessutom cellerna mot oxidativ stress, vilket ytterligare stärker dess stöd för nervhälsa. Sammantaget kan Lion's Mane med sina antioxidativa och inflammationshämmande effekter erbjuda naturlig lindring vid RLS och främja övergripande nervfunktion.

Pycnogenol och restless legs syndrom (RLS)

Pycnogenol, extraherat från barken av franska strandtallar, är en kraftfull antioxidant som har visat sig förbättra olika kroppsfunktioner, särskilt för hjärt- och kärlhälsa.

Potent antioxidant

Genom sina antioxidativa och antiinflammatoriska egenskaper kan Pycnogenol även lindra symtom vid Restless Legs Syndrome (RLS). RLS involverar ofta en obalans i dopamin och noradrenalin, där dopamin är centralt men noradrenalin också spelar en viktig roll. Forskning visar att dopamin- och noradrenalinobalanser kan bidra till RLS-symtom genom att påverka sensorisk och motorisk kontroll, vilket leder till rastlöshet och ökad känslighet. Noradrenalin styr även vakenhet och stressrespons, faktorer som förvärrar RLS-symtomen på kvällen när kroppen normalt går in i vila.

Balans i neurotransmittorer

Pycnogenol stödjer neurotransmittorbalans och har en positiv effekt på både dopamin- och noradrenalinsystemet, vilket kan minska rastlöshet och främja sömn. Genom att motverka oxidativ stress i hjärnan hjälper Pycnogenol till att stabilisera dessa system och förbättra sömnmönster,

351

vilket i sin tur bidrar till minskad nattlig aktivitet och ångestrelaterade besvär som förvärrar RLS.

Trots att Pycnogenol är ett kostsamt tillskott rapporterar många med RLS betydande lindring och bättre sömnkvalitet. Detta gör det till en potentiellt värdefull investering för personer som söker naturlig hjälp mot sina RLS-symtom.

Sammanfattning av pycnogenols fördelar

• En av de kraftfullaste antioxidanterna

• Förbättrar blodflödet i små kärl (mikrocirkulationen)

• Har antiinflammatoriska egenskaper

• Bidrar till balans i dopaminsystemet

• Stöder god sömnreglering

• Minskar stressens inverkan på kroppen

Pycnogenol framstår som ett lovande alternativ för att lindra symtom kopplade till Restless Legs Syndrome (RLS). Genom sina kraftfulla antioxidativa och antiinflammatoriska egenskaper, samt sin förmåga att balansera neurotransmittorer som dopamin och noradrenalin, kan det bidra till förbättrad sömn, minskad stress och bättre nervfunktion. Forskning och användarupplevelser visar på betydande förbättringar hos personer som regelbundet använder Pycnogenol, vilket gör det till ett värdefullt tillskott för att lindra RLS-symtom.

L-tyrosin: Aminosyran som stärker ditt nervsystem

L-Tyrosin är en viktig aminosyra som både bidrar till uppbyggnaden av proteiner och till produktionen av viktiga signalsubstanser, såsom dopamin, noradrenalin och adrenalin. L-Tyrosin spelar även en avgörande roll för att stödja sköldkörtelns normala funktion.

I kroppen omvandlas L-tyrosin till L-dopa, som i sin tur omvandlas till dopamin. Eftersom dopaminerg dysfunktion har kopplats till Restless Legs syndrom (RLS), kan en ökning av dopaminnivåerna genom L-tyrosin potentiellt lindra symtomen. Observera att forskningen kring L-tyrosins specifika effekt på RLS ännu är begränsad.

Kreatin: Mer än bara muskelstyrka – stöd för hjärna och nervsystem

Kreatin är en organisk syra som bidrar till att förse kroppens celler med energi, särskilt muskelceller. Det är ett populärt kosttillskott bland dem

353

som tränar intensivt, då dess primära funktion är att återställa adenosintrifosfat (ATP), kroppens huvudsakliga energikälla, under kortvariga och intensiva aktiviteter.

Det finns två anledningar till att kreatin kan vara relevant vid RLS

Neurologisk hälsa: Kreatin har neuroprotektiva egenskaper och kan stödja nervfunktionen. Eftersom RLS är en neurologisk störning kan kreatin ha en positiv inverkan på symtomen.

Metylering: En stor del av kroppens metyleringsprocess går åt till att producera kreatin. Genom att tillföra kreatin som tillskott kan kroppen minska sitt behov av metylering, vilket frigör resurser som kan gynna nervsystemet och produktionen av signalsubstanser.

L-citrullin: Förbättrat blodflöde och syresättning

L-citrullin är en aminosyra som produceras naturligt i kroppen och finns i livsmedel som vattenmelon, gurka och pumpa. Den ökar produktionen av kväveoxid, vilket vidgar blodkärlen och förbättrar syretransporten till musklerna. Det gör L-citrullin populärt bland dem som tränar styrketräning eftersom det förbättrar muskelpumpen och ökar träningsprestandan.

Fördelar med L-citrullin vid RLS

Många patienter med RLS som har testat L-citrullin rapporterar en förbättring av sina symtom. Forskning indikerar att personer med RLS kan ha sämre syresättning av blodet, och har svårt att anpassa sig till minskad syretillgänglighet. Det förbättrade blodflödet som L-citrullin bidrar till kan också sänka blodtrycket, förebygga erektil dysfunktion och minska muskelömhet.

Viktigt att tänka på

Om du tar blodtrycksmedicin bör du rådfråga din läkare innan du använder L-Citrullin, eftersom det kan sänka blodtrycket. En del användare kan uppleva milda biverkningar som illamående och huvudvärk.

Kylomslag och kylspray: Enkel lindring för RLS

Många hälsosidor nämner att kylomslag kan lindra symtom på Restless Legs Syndrome (RLS), och det stöds av både personlig erfarenhet och många användares vittnesmål på olika forum. Kyla har en positiv effekt eftersom det kan öka dopaminfrisättningen och därmed ge en "dopaminkick"som lindrar symtomen.

Isbad är inget för mig

För den som inte gillar vinterbad eller att rulla sig i snön finns det enklare alternativ. Återanvändbara ispåsar, som används vid idrottsskador, är en smidig lösning. Jag har två blå kylpåsar i frysen som jag använder för att kyla mina knän efter mina dagliga promenader på 5000 steg med min rottweilertik, Jördis.

Kyla innan sänggående

För att lindra RLS-symtomen kan du fästa en ispåse runt varje vad med hjälp av en tunn handduk eller linda. Detta ger en effektiv kyla i cirka 30 minuter. Därefter lägger du tillbaka påsarna i frysen och kan njuta av en skön känsla när du glider ner mellan lakanen efter behandlingen.

Kyla före sömn – ger dopaminkick

Ja, kyla kan effektivt lindra RLS-symtomen. Själv använder jag ispåsar från märket "Dispo Gel", som är populära bland idrottare. Dessa påsar innehåller en kombination av vätska och frostskyddsmedel som gör dem mjuka och lätta att forma efter kroppen, exempelvis runt knäna.

Kylspray: Ett praktiskt alternativ

Kylspray är ett bra alternativ för smärtlindring och används ofta vid idrottsskador. Jag minns en bekant med blödarsjuka och kroniska bensmärtor som inte kunde sova utan sin kylspray. Själv har jag alltid en burk kylspray bredvid sängen och använder den när RLS-symtomen väcker mig. Kylan stimulerar dopaminfrisättningen, vilket hjälper mot RLS.

Magnesiumolja: Naturlig lindring för muskelkramper och bättre sömn

Många människor upplever nattliga muskelkramper, vilket kan vara ett tecken på magnesiumbrist. För snabb lindring kan magnesiumolja appliceras utvändigt för att slappna av musklerna, lindra kramper och minska stress, vilket i sin tur hjälper dig att sova bättre.

Magnesiumolja är särskilt användbar om du har spända muskler, muskelvärk, träningsvärk eller vadkramper. Förutom att hjälpa muskler och nerver att slappna av, har magnesiumolja även återfuktande och exfolierande egenskaper för huden. Magnesium finns även som kräm, olja eller spray.

Magnesium och zink är två mineraler som med fördel kan tas före sänggåendet, eftersom de aktiverar det parasympatiska nervsystemet,

357

vilket främjar avslappning och trötthet. En kombination av dessa mineraler kan förbättra sömnkvaliteten.

Voltaren gel: Snabb lindring för smärta och restless legs (RLS)

Ett effektivt knep för snabb lindring när RLS-symtom håller dig vaken. Voltaren gel är ett antiinflammatoriskt och smärtstillande receptfritt läkemedel som kan vara effektivt när retningar i benen gör det svårt att somna om.

Voltaren gel är utformad för att lindra smärta och dämpa inflammation, och finns i två styrkor: 11,6 mg respektive 23,2 mg. Jag har endast använt den starkare varianten.

Diklofenak – den aktiva substansen

Den aktiva substansen i Voltaren gel är diklofenak, ett antiinflammatoriskt och smärtstillande ämne. År 2020 blev diklofenak i tablettform receptbelagt, men gelvarianten är fortfarande tillgänglig receptfritt.

358

Lindrar smärta och inflammation och myrkrypningar

Enligt företagets produktbeskrivning fungerar Voltaren gel så här: "Geler från Voltaren innehåller diklofenak, ett antiinflammatoriskt läkemedel utan steroider (NSAID), särskilt formulerat som en emulgel som tränger igenom huden. Voltaren Gel lindrar inte bara smärta utan minskar även inflammation. Emulgelen kombinerar egenskaperna hos både gel och kräm, och ger en kylande och lugnande effekt vid applicering på huden. Den doftar eukalyptus eller lavendel, är lätt att massera in och absorberas snabbt." — Haleon PLC, Storbritannien

Hjälper Voltaren gel mot Restless legs (RLS)?

Ja, definitivt. Jag upptäckte av en slump att Voltaren gel ibland ger snabb lindring av RLS-symtom. Efter att ha överansträngt en vadmuskel på gymmet vaknade jag en natt med stelhet och smärta i benen. När jag smorde in vaderna med Voltaren gel, försvann både smärtan och de obehagliga myrkrypningarna. Resten av natten var benen lugna, och jag kunde sova ostört.

Snabb hjälp med Voltaren gel

Efter att ha testat Voltaren gel flera gånger med positiva resultat kan jag med säkerhet säga att det ger snabb lindring mot både restless legs och muskelkramper. Gelen är särskilt effektiv vid sammandragningar och obehag som ofta följer med RLS.

Som tidigare nämnts är RLS en sjukdom som ofta involverar smärtproblematik. Oavsett hur vi definierar smärta har de flesta läkemedel och naturläkemedel som lindrar smärta även en positiv effekt på RLS-symtom. Eftersom Voltaren gel är ett läkemedel bör du dock alltid rådfråga en läkare innan du använder det mot RLS.

Krypningar i armar och händer

Krypningar i händer och armar kan vara oerhört obehagliga. De som aldrig har upplevt detta kan vara tacksamma – att ha RLS i benen är redan svårt nog, och när det sprider sig till armarna blir det ännu mer påfrestande.

Dessa krypningar kan ibland vara ett tecken på det man kallar "augmentation", en biverkning av mediciner som dopaminagonister eller L-dopa. Om du misstänker detta, rådgör med din läkare.

Stretchövning för krypningar i armar

En effektiv stretchövning kan lindra de flesta krypningar i armarna; läs mer om den längre fram i boken.

Voltaren med diklofenak mot krypningar i armarna

Jag har även upptäckt att Voltaren-tabletter med diklofenak är effektiva för att dämpa krypningar i armarna. Två tabletter brukar vara tillräckligt för att få krypningarna att försvinna. Eftersom diklofenak i tablettform numera är receptbelagt, behöver du kontakta en läkare för att få ett recept. Som med alla smärtstillande medel finns det risker, därför är det viktigt att läsa på noggrant och följa läkarens råd.

Diklofenak finns fortfarande som aktiv substans i Voltaren gel, vilket gör det möjligt att applicera gelen direkt på armarna vid krypningar.

Myers cocktail: En kraftfull boost för din nervhälsa

Hälsofördelar och användningsområden

Myers Cocktail är en intravenös näringsbehandling som används för att lindra symtom vid olika medicinska tillstånd, inklusive följande exempel:

Kronisk trötthet: Behandlingen kan öka energinivåerna och minska trötthet, särskilt hos personer med kroniskt trötthetssyndrom.

Fibromyalgi: Många patienter har rapporterat minskad smärta och förbättrad livskvalitet efter behandling.

Migrän: Studier och kliniska observationer visar att Myers Cocktail kan minska både frekvensen och intensiteten av migränattacker.

Astma: Används som komplement för att lindra symtom vid akuta astmaanfall.

Allergier: Kan hjälpa till att minska inflammation och stärka immunsystemet, vilket i sin tur lindrar allergiska reaktioner.

Det finns många exempel på där läkare framgångsrikt har behandlat olika sjukdomstillstånd och former av smärtproblematik med B-vitamininjektioner eller intravenös behandling. Vissa effekter kan endast uppnås genom dessa administreringssätt.

Cirkulation och Restless legs syndrom (RLS)

Flera forskare misstänker att cirkulationsproblem kan vara en bidragande faktor till Restless Legs syndrom (RLS). Mikrocirkulationen, det vill säga blodflödet i de minsta blodkärlen (kapillärer, arterioler och venoler), spelar en avgörande roll för nervhälsan. Dessa små blodkärl levererar syre och näringsämnen till kroppens celler, inklusive nervceller, och transporterar bort avfallsprodukter.

Även om förbättrad cirkulation inte botar RLS, finns det vissa preparat som kan hjälpa till att lindra symtomen genom att främja ett bättre blodflöde.

Naturliga och medicinska preparat för bättre cirkulation

Hästkastanj

Hästkastanj har använts som medicinalväxt i Europa i århundraden och hjälper till att motverka vätskeansamling i benen samtidigt som den förbättrar cirkulationen. Den används ofta för att behandla åderbråck, cirkulationsstörningar och bensår. Hästkastanj finns både som kapslar och som salva för utvärtes bruk.

Ginkgo biloba

Ginkgo biloba är en växt som påstås förbättra cirkulationen och öka syreflödet till hjärnan samt till armar, ben och händer.

Butcher's broom

Butcher's broom förbättrar cirkulationen och förhindrar, likt hästkastanj, vätskeansamling i ben och fötter. Den har dessutom påtagliga antiinflammatoriska egenskaper.

Provena plus

Provena plus är en salva som appliceras utvärtes och hjälper till att stödja cirkulationen samt motverka svullnad och vätskeansamling. Den sägs fungera som en osynlig kompressionsstrumpa.

Kompressionsstrumpor

Kompressionsstrumpor har utvecklats bortom de traditionella, beigefärgade modellerna. Idag finns det många färgglada alternativ efter att idrottsvärlden upptäckt deras fördelar. För personer med RLS kan kompressionsstrumpor förbättra cirkulationen och lindra symtomen.

Ökar venöst återflöde

Kompressionsstrumpor är utformade för att skapa ett tryck som är högst vid anklarna och gradvis minskar uppåt längs benen. Detta tryck hjälper venerna att effektivt pressa blodet tillbaka mot hjärtat, vilket minskar risken för blodstagnation i benen.

Minskar svullnad

Genom att förbättra blodcirkulationen och minska vätskeansamlingar kan kompressionsstrumpor effektivt motverka svullnad, eller ödem, som ofta uppstår vid dålig cirkulation.

Förhindrar blodproppar

Strumporna hjälper till att hålla blodet i rörelse, vilket minskar risken för blodproppar, särskilt i djupa vener som kan vara benägna att bilda proppar vid långvarigt stillasittande eller sängliggande.

Stödjer venerna

Genom att minska trycket på venernas väggar kan kompressionsstrumpor minska risken för åderbråck och andra cirkulationsproblem, vilket är särskilt fördelaktigt för dem med venös insufficiens.

Förbättrar lymfcirkulationen

Kompressionsstrumpor stöder inte bara blodcirkulationen utan bidrar också till att förbättra lymfflödet. Detta hjälper till att minska svullnad och underlättar borttransport av avfallsprodukter från vävnader, vilket gynnar kroppens återhämtning och allmänna hälsa.

Dessa egenskaper gör kompressionsstrumpor till ett effektivt sätt att förbättra blodflödet, minska obehag och stödja kärlhälsan. För personer med Restless Legs Syndrom kan kompressionsstrumpor bidra till att lindra symtomen kopplade till dålig blodcirkulation i benen.

366

Kosttillskott för bättre sömn

Många som söker vård för Restless Legs Syndrome (RLS) gör det på grund av sömnproblem. Nedan följer rekommenderade tillskott som kan lindra sömnbesvär.

Passionsblomma

Passionsblomma har länge använts som ett naturligt sömnmedel tack vare sina lugnande egenskaper. Den ökar nivåerna av GABA (gamma-aminosmörsyra) i hjärnan, en signalsubstans som ansvarar för att dämpa nervaktiviteten och främja avslappning. Brist på GABA är ofta kopplat till sömnsvårigheter och ångest, och många receptbelagda läkemedel riktar sig mot GABA-receptorer för att lindra dessa problem.

Passionsblomma verkar naturligt genom att främja avslappning utan att skapa beroende.

Växtens lugnande effekt hjälper hjärnan att varva ner och förbereda kroppen för sömn, vilket kan vara särskilt fördelaktigt vid insomningsproblem eller tillfällig oro. Eftersom den inte orsakar dåsighet eller försämrat fokus, kan passionsblomma användas både som sömnhjälp och för att hantera lindrig oro under dagen.

Produkten Pascoflair, ett traditionellt växtbaserat läkemedel, rekommenderas ofta för dessa ändamål.

Lavendel: Naturlig avslappning för bättre sömn

Lavendel (Lavandula angustifolia) är en väldoftande ört med lugnande och avslappnande egenskaper som har använts i århundraden. Den är känd för sin förmåga att främja god sömn och minska stress och ångest. Tack vare sin milda men effektiva verkan har lavendel blivit populär inom både aromaterapi och kosttillskott för personer med sömnproblem.

Hur lavendel främjar sömn

Lavendel innehåller bioaktiva föreningar, såsom linalool och linalylacetat, som har lugnande effekter på nervsystemet. Genom att påverka GABA-receptorerna i hjärnan – samma receptorer som många lugnande läkemedel riktar sig mot – hjälper lavendel till att minska nervositet och främja avslappning. Detta kan lindra ångest och underlätta insomning.

Lavendel har visat sig förbättra sömnkvaliteten och är ett naturligt val för dem som har svårt att somna eller sova djupt. Tack vare dess milda effekt kan lavendel användas både före sänggåendet och under dagen utan att orsaka dåsighet eller försämrad koncentration.

Användningsområden för lavendel

Lavendel kan användas på flera sätt för att främja avslappning och bättre sömn och finns tillgänglig som aromaterapi, kosttillskott eller te. Forskning har visat att lavendel kan vara särskilt fördelaktig för personer med insomningssvårigheter och sömnlöshet på grund av stress och ångest. Eftersom det är ett naturligt medel med få biverkningar är lavendel ett säkert alternativ till receptbelagda sömnläkemedel.

Valeriana

Valeriana, även kallad vänderot, är en flerårig ört som har använts i tusentals år för sina lugnande och sömnfrämjande egenskaper. Ursprungligen användes valeriana i antikens Grekland och Rom för att behandla tillstånd som sömnlöshet, ångest och nervositet. Idag är valeriana ett populärt naturmedel.

Hur fungerar valeriana?

Valeriana innehåller en blandning av bioaktiva ämnen som samverkar för att främja avslappning och förbättra sömnen. De aktiva föreningarna, som valereninsyra och valepotriater, påverkar hjärnans GABA-receptorer som är viktiga för att reglera nervaktiviteten. GABA har en lugnande effekt på hjärnan och dämpar överaktivitet i det centrala nervsystemet, vilket minskar ångest och främjar sömn.

Till skillnad från receptbelagda sömnmedel, som ofta påverkar GABA-receptorer och kan leda till beroende eller bieffekter, fungerar valeriana naturligt och har låg risk för beroende.

När ska man använda valeriana?

Valeriana används främst för att lindra tillfälliga sömnproblem, särskilt för personer som har svårt att somna på grund av stress eller oro. Det kan också användas som komplement vid kronisk sömnlöshet, men den bästa effekten uppnås oftast vid kortare användningsperioder på några veckor.

Vanligtvis tas valeriana som ett tillskott i kapselform eller som tinktur cirka 30 minuter till en timme före sänggåendet. Valeriana finns även i teform, vilket kan bidra till en avslappnande kvällsrutin och förbereda kroppen för sömn.

Kamomill

Kamomill och dess effekt på sömnproblem

Kamomill är en av de mest välkända och populära örterna för att lindra sömnproblem och främja avslappning. Den har i århundraden använts som ett naturligt botemedel tack vare sina lugnande egenskaper, särskilt vid insomningssvårigheter och sömnlöshet.

Hur fungerar kamomill?

Kamomill innehåller flera bioaktiva föreningar, där den mest framträdande är apigenin. Apigenin är en antioxidant som binder till specifika receptorer i hjärnan och bidrar till avslappning samt minskar ångest. Apigenin verkar på samma GABA-receptorer som många lugnande läkemedel, men till skillnad från dessa medför kamomill ingen risk för beroende eller allvarliga biverkningar.

Kamomill har också antiinflammatoriska och antioxidativa egenskaper, vilket kan bidra till ett allmänt välbefinnande och hjälpa kroppen att slappna av inför sömn. Dess milda verkan gör den särskilt lämplig för dem som söker ett naturligt och skonsamt alternativ för att hantera sömnproblem.

När ska man använda kamomill?

Kamomill är särskilt användbar för personer som lider av tillfällig sömnlöshet på grund av stress, ångest eller en hektisk livsstil. Den lugnande effekten kan hjälpa både kroppen och sinnet att varva ner inför sänggåendet.

Kamomill konsumeras oftast som te, vilket är den vanligaste formen, men det finns även som kapslar eller tinkturer. Att dricka en kopp kamomillte cirka 30 minuter till en timme före sänggåendet kan bidra till att skapa en lugnande kvällsrutin och förbereda kroppen för sömn.

Magnesium

Med rätta får magnesium mycket uppmärksamhet i denna bok, då det ofta kallas "naturens valium" på grund av sina avslappnande och sömngivande egenskaper. Det finns minst 33 olika typer av magnesium, alla med sina unika egenskaper. Om du funderar på att ta magnesium för att förbättra din sömn är det viktigt att välja en form med hög biotillgänglighet, som kan passera blod-hjärnbarriären och nå hjärnan.

Det finns endast fyra typer av magnesium som uppfyller dessa kriterier. Här presenteras två av dem:

1. Magnesiumbisglycinat

Fördelar: Magnesiumbisglycinat har mycket hög biotillgänglighet och absorberas effektivt utan att irritera magen. Det är ofta ett förstahandsval för de som vill förbättra sin sömnkvalitet och minska stress.

Rekommendation: Detta är ett av de bästa alternativen för sömn tack vare dess lugnande egenskaper och förmåga att tas upp väl av kroppen.

2. Magnesiumtaurat

Fördelar: Magnesiumtaurat kombinerar magnesium med aminosyran taurin, som är känd för sin lugnande effekt på nervsystemet. Denna kombination hjälper till att minska stress och ångest, vilket i sin tur kan förbättra nattsömnen.

Rekommendation: Ett utmärkt val för personer som upplever både sömnproblem och stress eller ångestrelaterade besvär.

Melatonin

Melatonin är ett hormon som naturligt produceras i tallkottkörteln (epifysen) i hjärnan och spelar en central roll i regleringen av vår dygnsrytm. Det gör oss sömniga och hjälper oss att somna genom att öka sin produktion när det är mörkt och minska när det är ljust.

Melatoninproduktionen kan påverkas av faktorer som sommar- och vintertid, men det fungerar även som en kraftfull antioxidant som stärker immunförsvaret och motverkar åldrande.

Jag tar melatonin varje kväll vid läggdags och har märkt att jag somnar snabbare.. Tillgängligheten för melatonin varierar beroende på land – i vissa länder är det receptbelagt, medan det är receptfritt i andra.

Värt att uppmärksamma

Det finns rapporter om att melatonin kan förvärra symtomen på Restless Legs syndrom (RLS) hos vissa individer. Det visar att RLS kan reagera olika på behandlingar – det som fungerar för en person kan förvärra symtomen för någon annan. Jag har själv använt melatonin i 15 år utan några märkbara biverkningar, men det är viktigt att prova sig fram då reaktionerna kan variera.

Pregnenolon: Nyckeln till bättre sömn och nervhälsa?

Av en slump läste jag en tråd på Twitter (X) om pregnenolon och bestämde mig fr att prova det som tillskott. Efter en tid har det blivit en del av min dagliga rutin, och jag märkte en markant förbättring både i min sömnkvalitet och mitt allmänna välbefinnande. Jag upplever längre perioder av djupsömn när jag använder pregnenolon. Tillskottet verkar ha en lugnande effekt och har även bidragit till att minska min stressnivå.

Pregnenolone är en neurosteroid, en typ av steroidhormon som syntetiseras i hjärnan och det centrala nervsystemet. Neurosteroider har skyddande egenskaper som kan bidra till att förebygga neurodegenerativa sjukdomar och hjärnskador. Mer intressant är att pregnenolone kan förstärka effekterna av GABA, vilket ger ångestdämpande, lugnande och antikonvulsiva effekter.

Även om pregnenolone inte är ett hormon i traditionell bemärkelse, spelar det en central roll i kroppens hormonella system eftersom det är en föregångare till många viktiga steroidhormoner. Det går att köpa som kosttillskott, men som alltid är det viktigt att rådgöra med din läkare innan du provar det.

"Jag dokumenterade allt – tills det mönstret som sjukvården missade började synas."

Naturlig smärtlindring vid RLS

Här är några av de preparat som jag själv använder med goda resultat. Det är viktigt att alltid rådgöra med en läkare innan du tar några av dessa tillskott. Observera att vissa tillskott kan vara otillåtna i vissa länder. Oavsett detta kan många beställas via internet.

RLS är en sjukdom som innebär smärtproblematik

Restless legs är en sjukdom som ofta medför smärta. I västvärlden har vi en något snäv syn på smärta – om man inte säger "aj", så uppfattas det inte alltid som smärta. Om inget syns på ett blodprov anses man vara frisk. Det obehag som får oss att röra på benen är en form av smärta, även om det inte uttrycks på samma sätt som annan smärta.

Därför hjälper många smärtlindrande preparat vid RLS-symtom.

En historisk upptäckt av smärtlindring vid restless legs

1672 upptäckte läkaren Thomas Willis att opiater kunde lindra restless legs. På den tiden fick patienter opiater i form av tinktur, där ämnet var upplöst i alkohol och doserades droppvis. Behandlingen med smärtstillande medel visade sig vara effektiv, och 350 år senare används fortfarande denna metod för att lindra RLS-symtom.

Alternativ till opiater

Det finns alternativ till opiater för att lindra smärta och restless legs. Om du letar noga kan du hitta många naturmedel med smärtstillande egenskaper, varav de flesta är lagliga. Var dock försiktig och undvik preparat du inte är bekant med. Det är viktigt att köpa dina naturmedel från seriösa butiker och alltid rådgöra med läkare eller farmaceut innan användning. Här beskriver jag några preparat jag använder ibland.

Cat's claw: En effektiv växt för smärtlindring och inflammation

Cat's claw (Uncaria tomentosa) är en lianliknande växt som växer i Amazonas regnskog samt andra tropiska områden i Central- och Sydamerika. Den har länge använts inom traditionell medicin för att behandla en rad hälsoproblem, inklusive inflammatoriska tillstånd, infektioner och kronisk smärta. Växten har fått sitt namn från de taggiga klor vid bladen som liknar kattklor.

Aktiva Föreningar och Medicinska Egenskaper

Cat's claw innehåller flera bioaktiva ämnen, inklusive alkaloider, flavonoider och steroler, som tros vara ansvariga för dess medicinska egenskaper. Bland dessa är oxindolalkaloiderna särskilt viktiga, då de har visat sig stimulera immunsystemet och ha antiinflammatoriska effekter. Genom att minska inflammation kan Cat's claw även bidra till smärtlindring vid tillstånd som reumatoid artrit och andra inflammatoriska sjukdomar.

Smärtlindring och Behandling av Inflammation

Cat's claw är ett populärt naturligt alternativ för att lindra smärta och inflammation, särskilt för personer med kroniska smärttillstånd som Restless Legs syndrom (RLS), artrit och ryggsmärta. Växtens antiinflammatoriska egenskaper gör den användbar för att minska ledvärk, stelhet och andra symtom på inflammation i muskler och leder.

Studier visar att Cat's claw kan minska produktionen av tumörnekrosfaktor (TNF), en signalsubstans som orsakar inflammation i kroppen. Genom att hämma denna process kan Cat's claw minska smärta och förbättra rörligheten hos personer med kroniska inflammatoriska tillstånd.

Användning och Fördelar för RLS

Cat's claw finns som kapslar, tabletter, tinkturer och te. Det är viktigt att följa doseringsråd från en läkare eller naturterapeut, särskilt om du använder andra läkemedel. För personer med RLS kan Cat's claw fungera som ett naturligt sätt att lindra muskelvärk och ledsmärta, särskilt när det kombineras med andra naturmedel och en hälsosam livsstil.

PEA – Palmitoylethanolamide

PEA har blivit allt mer populärt som kosttillskott bland personer som lider av kronisk smärta. Det fungerar antiinflammatoriskt och smärtstillande. PEA är en fettsyramolekyl som naturligt förekommer i kroppen och finns i proteinrika livsmedel som äggula, sojabönor och kött.

Icke beroendeframkallande

PEA fungerar som en lipid med liknande verkan som endocannabinoider. Det har antiinflammatoriska, smärtlindrande, antikonvulsiva, immunmodulerande och neuroprotektiva egenskaper. PEA är inte beroendeframkallande och har inga kända biverkningar. Dessutom interagerar det inte med andra läkemedel, vilket gör det till ett säkert alternativ för långvarig användning.

Användning av PEA

Börja med en kapsel morgon och kväll i sju dagar, och därefter öka till två kapslar morgon och kväll. PEA bör tas tillsammans med mat.

Positiva resultat märks ofta efter 4–6 veckor, men full effekt kan dröja upp till tre månader.

Är PEA effektivt mot restless legs?

Studier visar att PEA har antiinflammatoriska och smärtlindrande effekter, men specifika studier om dess effekt på restless legs syndrom (RLS) saknas. Jag har själv provat det och upplevt lindring av symtom. Med tanke på att opiater har använts för att behandla RLS i över 350 år, kan PEA fungera som ett naturligt och receptfritt alternativ. Det kan också kombineras med vitamin B1 (Benfotiamin) för ytterligare fördelar.Som alltid rekommenderar jag att konsultera en läkare eller en specialist inom neurologi innan du inleder någon behandling. De kan ge råd utifrån aktuell forskning och din hälsosituation.

Capsaicin och nervsmärta: En naturlig smärtlindrare

Capsaicin, det aktiva ämnet i chilipeppar, är känt för sina smärtlindrande och inflammationshämmande egenskaper. Det används för att lindra en rad olika smärttillstånd, inklusive neuralgi (skjutande eller brännande smärta i nerverna), muskelvärk och smärta orsakad av reumatoid artrit. Capsaicin kan även vara effektivt vid smärtlindring av diabetes neuropati.

För personer med Restless Legs-syndrom (RLS) kan capsaicin minska nervirritation och förbättra sömnkvaliteten. Dess effekt bygger på att blockera smärtsignaler genom att påverka TRPV1-receptorer i kroppen, vilket leder till att receptorerna blir desensibiliserade och smärtupplevelsen minskar över tid. Detta gör capsaicin särskilt användbart vid nervsmärta och muskelvärk, som ofta är förknippade med RLS.

Forskning och användning av capsaicinplåster

Forskning visar att högkoncentrerade capsaicinplåster (8%) lindrar måttligt smärta vid postherpetisk neuralgi och diabetisk neuropati. Även om capsaicin inte botar dessa tillstånd, kan det bidra till att lindra symtomen och förbättra livskvaliteten.

Capsaicin används i krämer, salvor och plåster som appliceras direkt på huden för att minska inflammation och smärta. Capsaicin är fördelaktigt för patienter med kroniska tillstånd som artros och neuropati, och dess naturliga verkan gör det till ett populärt alternativ till traditionella smärtstillande läkemedel.

Vitpil: Naturlig smärtlindring med lång tradition

Vitpil (Salix alba) är en lövfällande trädart som har använts i tusentals år inom traditionell medicin för att lindra smärta och inflammation. Den verksamma substansen i salicin, fungerar som en naturlig föregångare till acetylsalicylsyra, den aktiva ingrediensen i aspirin. Tack vare sina smärtlindrande egenskaper har vitpil blivit ett populärt alternativ vid behandling av olika smärttillstånd.

Smärtlindring och Antiinflammatoriska Egenskaper

Salicin, som finns i vitpilens bark, omvandlas i kroppen till salicylsyra, vilket ger vitpil dess smärtstillande och inflammationsdämpande effekter. Likt aspirin hämmar vitpil produktionen av prostaglandiner.

Vitpil är särskilt användbart vid smärttillstånd som:

Led- och muskelvärk: Vitpil kan lindra smärta vid tillstånd som artros och reumatoid artrit genom att minska inflammation i lederna.

Ryggsmärta: Forskning har visat att vitpilsextrakt kan minska ryggsmärta genom sina inflammationshämmande och smärtlindrande effekter.

Huvudvärk och migrän: Tack vare sina aspirinliknande egenskaper kan vitpil hjälpa till att lindra både huvudvärk och migrän.

Vitpil vid RLS

Vitpil kan naturligt lindra smärta och inflammation hos personer med RLS, särskilt när tillståndet förvärras av muskelvärk eller stelhet. Vitpil är skonsam för magen, särskilt i jämförelse med syntetiska antiinflammatoriska läkemedel. Detta gör vitpil till ett bra alternativ vid långvarig användning.

Vitpil finns tillgängligt i olika former, såsom tabletter, kapslar och te, och används ofta som en del av en behandlingsplan för att minska behovet av receptbelagda smärtstillande läkemedel.

CBD-olja

CBD: En översikt över cannabidiol

Introduktion

CBD, kort för cannabidiol, är en naturlig antioxidant som finns naturligt i cannabis- och hampaplantor. Cannabisplantan innehåller nästan 500 aktiva komponenter, varav cirka 100 är cannabinoider. Till skillnad från THC är CBD inte psykoaktivt och orsakar vare sig rus eller känslan av att vara "hög." De flesta CBD-produkter på marknaden utvinns från hampa.

Hälsofördelar och användningsområden

Forskning om de medicinska effekterna av CBD pågår för fullt. CBD finns tillgängligt i många former, från läkemedel till kosttillskott och hudvårdsprodukter, och det används alltmer för sina hälsofrämjande egenskaper.

Fördelar med CBD:

Förbättrad sömn

Studier tyder på att CBD kan hjälpa till att förbättra både insomningsförmåga och den totala sömnkvaliteten, vilket gör det till ett populärt alternativ bland personer med sömnproblem.

Smärtlindring

CBD har dokumenterade smärtlindrande egenskaper som kan hjälpa vid olika kroniska smärttillstånd.

Välbefinnande

Många användare rapporterar en allmän förbättring av sitt välbefinnande och en känsla av lugn efter att ha använt CBD-produkter.

Hälsa för huden

CBD har visat sig ha positiva effekter på huden, såsom att minska inflammation och lindra vissa hudåkommor.

Tillgänglighet och användningssätt

CBD-olja finns tillgänglig i hälsokostbutiker och på nätet, oftast i form av tinktur eller kapslar. Vissa väljer att blanda det i smoothies eller använda det som en salladsdressing. I länder och amerikanska delstater där cannabis är lagligt, kan CBD-olja som innehåller THC även användas i vape-pennor.

CBD och Restless legs-syndrom (RLS)

CBD-olja har blivit alltmer populär som ett behandlingsalternativ för en rad tillstånd, inklusive Restless Legs Syndrom (RLS). Trots att forskningen om CBD och RLS är begränsad, finns det vissa indikationer på att CBD kan lindra symtomen på RLS.

Fördelar med CBD-olja för RLS:

Smärtlindring och minskat obehag

Flera studier har visat att CBD har smärtlindrande egenskaper, vilket kan hjälpa personer med RLS, eftersom symtomen ofta orsakar obehag och smärta i benen.

Muskelavslappning och restless legs syndrom (RLS)

RLS innebär ofta ofrivilliga muskelrörelser och kramper, som ofta leder till stort obehag. CBD har muskelavslappnande egenskaper som kan bidra till att minska både frekvensen och intensiteten av dessa rörelser.

Ångest och sömnförbättring

Många som lider av RLS upplever även ångest och sömnproblem på grund av obehaget i benen. CBD har visat sig ha ångestdämpande och sömnförbättrande egenskaper, vilket kan leda till förbättrad sömn och minskad ångest för de drabbade.

Forskning och evidens

Det finns begränsad forskning som specifikt undersöker effekterna av CBD på RLS. De flesta bevisen bygger på anekdotiska rapporter eller studier som utforskar relaterade områden, såsom smärtlindring, ångest och sömnproblem.

Anekdotiska rapporter: Många användare rapporterar att CBD-olja har minskat deras RLS-symtom, såsom obehag i benen och förbättrad sömn.

Preklinisk forskning: Vissa studier på djurmodeller har visat att CBD kan ha neuromodulerande effekter, vilket kan vara relevant för behandling av RLS.

Säkerhet och biverkningar

CBD anses generellt vara säkert, men det kan orsaka vissa biverkningar, inklusive:

Trötthet

Diarré

Förändringar i aptit och vikt

Lågt blodtryck

Det är viktigt att notera att CBD kan interagera med (påverka) vissa mediciner. Därför är det nödvändigt att konsultera en läkare innan man börjar använda CBD-olja, särskilt om man redan tar andra läkemedel.

Slutsats

Även om det finns indikationer på att CBD-olja kan vara till hjälp för att lindra symtom på RLS, behövs mer forskning för att bekräfta dessa effekter och fastställa de exakta mekanismerna. Personer som överväger att använda CBD-olja för RLS bör göra det i samråd med en läkare för att säkerställa säkerhet och lämplig dosering.

Gurkmeja: Antioxidant med smärtlindrande egenskaper

Gurkmeja är inte ett botemedel mot RLS, men dess hälsofrämjande egenskaper är värda att lyfta i en bok om RLS/WED.

Gurkmeja är känd för sina kraftfulla antioxidativa egenskaper, och det är främst kurkumin, den aktiva substansen, som ger positiva effekter. Många personer med neurologiska problem rapporterar lindring genom användning av gurkmeja.

Smärtstillande och antiinflammatoriska egenskaper

Förutom sina antioxidativa egenskaper har gurkmeja även antiinflammatoriska och blodsockersänkande effekter. Dess smärtstillande egenskaper gör den särskilt intressant för personer med RLS. För att förbättra upptaget av kurkumin kan man kombinera det med piperin, en aktiv substans i svartpeppar. Eftersom kurkumin är fettlösligt är det även fördelaktigt att ta det tillsammans med en fettkälla, till exempel olivolja.

Ett effektivt sätt att ta gurkmeja är att blanda gurkmeja med svartpeppar och olivolja, och sedan skölja ner det med vatten. Denna kombination kan göra en märkbar skillnad.

Eftersom gurkmeja är både antiinflammatoriskt och smärtstillande, kan det ha en viss lindrande effekt även på RLS/WED-symtom.

Tiamincocktail: En Effektiv Behandling för Nervsmärta

Vitamin B1-tiamin mot nervsmärta

Vitamin B1 (tiamin) användes flitigt av amerikanska tandläkare under 1950- och 60-talen som smärtlindring, särskilt mot nervsmärta, där injektioner gavs i munhålan. Tiamin har tydliga smärtstillande egenskaper och jag har använt det många gånger själv mot nervsmärta i bland annat fötter.

Jag brukar ta en cocktail bestående av tre olika sorters tiamin, benfotiam, TTFD och sulbutiamin. Min dos vid nervsmärta brukar ligga kring 1 100 mg. Det brukar motsvara cirka 5-7kapslar från en burk med tillskott.

Nervsmärta som kommer i upprepade hugg eller stötar är svårt att dämpa med vanliga smärtstillande läkemedel. Personer med neuropati kan relatera till detta. Vitamin B1 i hög dos är i det sammanhanget rena miraklet. Efter cirka två timmar tonar smärtan ner och försvinner ofta helt. Det ger en lugnande känsla, djup avslappning och smärtlindring, ungefär som efter en morfininjektion.

Något fastställt gränsvärde för toxisk dos finns inte, överskottet utsöndras snabbt via njurarna.

Gravida bör undvika doser över 100 mg dagligen.

Kratom och RLS – Kan denna naturliga lösning lindra symtomen?

Ja, vissa sorter av kratom hjälper absolut mot RLS.

Men det finns risker, det kan vara vanebildande och i vissa länder och stater är det narkotikaklassat och olagligt.

Effekten kan påminna om morfin och har både smärtstillande och muskelavslappnande egenskaper.

Vanliga medicinska behandlingar inkluderar dopaminagonister, opioider och vissa muskelavslappnande läkemedel. Dessa kan dock ge biverkningar som beroenderisk, toleransutveckling och andra långsiktiga problem. Därför har fler och fler personer börjat leta efter alternativa lösningar – och här kommer kratom in i bilden.

Hur kan kratom hjälpa vid RLS?

Kratom (Mitragyna speciosa) är en tropisk växt från Sydostasien som innehåller mitragynin och 7-hydroxymitragynin, två alkaloider som påverkar kroppens opioidreceptorer, dopaminsystem och nervsignaler.

Dessa effekter kan förklara varför vissa personer upplever lindring från sina RLS-symtom vid användning av kratom:

• Binder till opioidreceptorer → Liknar effekten av vissa smärtstillande läkemedel, inklusive opioider som ibland skrivs ut för svår RLS.

• Muskelavslappnande egenskaper → Hjälper mot ofrivilliga rörelser och minskar spänningar i benen.

• Kan påverka dopaminsystemet → Dopaminbrist tros vara en av huvudorsakerna till RLS, och kratom kan indirekt stödja dopaminreceptorer.

• Förbättrar sömnkvaliteten → Många RLS-drabbade har svårt att sova, och kratom kan bidra till djupare och mer återhämtande sömn.

Röd kratom – bäst vid RLS

Kratom finns i flera varianter – röd, grön och vit – och de har olika effekter beroende på deras kemiska sammansättning.

För personer med RLS verkar röd kratom vara det bästa valet eftersom den har:

•Mest uttalad smärtlindrande effekt → Jämfört med andra sorter binder röd kratom starkare till opioidreceptorer, vilket ger bättre smärtlindring.

• Lugnande och muskelavslappnande egenskaper → Till skillnad från vit och grön kratom, som kan vara mer stimulerande, är röd kratom avslappnande.

•Bättre sömnstöd → Eftersom den är mer sederande kan den hjälpa personer med RLS att somna lättare och minska nattliga uppvaknanden.

De vanligaste sorterna av röd kratom som används för RLS är:

Red Bali – Känd för sin smärtlindrande och lugnande effekt.

Red Borneo – Mildare men ger långvarig avslappning.

Red Maeng Da – Mer potent och kraftfull smärtlindring.

Hur skiljer sig kratom från traditionella RLS-behandlingar?

Verkningsmekanism:

Kratom binder till opioidreceptorer och påverkar även dopaminsystemet indirekt, vilket kan bidra till smärtlindring och avslappning.

393

Traditionella läkemedel mot RLS, såsom pramipexol och ropinirol, verkar genom att direkt öka dopaminnivåerna i hjärnan. Vissa opioider används också vid svår RLS, men dessa har en högre beroenderisk.

Risk för andningsdepression:

Kratom har en mycket låg risk för att orsaka andningsdepression, även vid högre doser. Detta skiljer sig från opioider som morfin och oxykodon, vilka kan leda till livshotande andningsproblem vid överdos.

Beroendepotential:

Långvarig användning av kratom kan leda till tolerans och mildare abstinenssymtom vid plötsligt avbrott. Jämfört med oxikodon och hydrokodon, som ibland skrivs ut vid svår RLS och är starkt beroendeframkallande, anses kratom ha en lägre riskprofil.

Effekt på sömn:

Många användare rapporterar att röd kratom förbättrar sömnkvaliteten, särskilt vid RLS-relaterade sömnstörningar. Däremot kan dopaminagonister och opioider störa REM-sömnen och i vissa fall förvärra insomningsproblem.

Laglighet i olika länder

Kratoms lagliga status varierar kraftigt beroende på land.

Länder där kratom är lagligt:

Tyskland – Inte klassat som narkotika, men försäljningen är reglerad.

Thailand – Legaliserat sedan 2021 efter att tidigare ha varit förbjudet.

USA (delvis) – Lagligt på federal nivå, men vissa delstater har förbud.

Länder där kratom är olagligt:

Sverige – Klassat som narkotika från 11 mars 2025.

Australien – Förbjudet, klassificeras som en kontrollerad substans.

Danmark – Olagligt att inneha och sälja.

USA (delstater med förbud): Alabama, Arkansas, Indiana, Rhode Island, Vermont och Wisconsin.

Eventuella risker och försiktighet

Även om kratom kan vara en effektiv lindring vid RLS, finns det vissa risker och saker att tänka på:

Tolerans och beroende – Långvarigt bruk kan leda till toleransutveckling och i vissa fall abstinenssymtom vid plötsligt avbrott.

Individuell variation – Alla reagerar olika på kratom, och vissa kan uppleva biverkningar som illamående, yrsel eller huvudvärk.

Interaktioner med andra läkemedel – Kan påverka andra mediciner som påverkar det centrala nervsystemet.

Slutsats

Kratom, särskilt den röda varianten, verkar kunna ge lindring vid RLS genom sin smärtlindrande, muskelavslappnande och dopaminpåverkande effekt.

För personer som inte upplever tillräcklig hjälp från konventionella behandlingar, eller som vill undvika vissa biverkningar av läkemedel, kan kratom vara ett alternativ att utforska. Det är dock viktigt att använda det ansvarsfullt och vara medveten om att effekten kan variera mellan individer.

Ingen läkare kommer att rekommendera kratom som behandlingsalternativ för RLS.

Om du ändå överväger att prova så är det viktigt att ta reda på vilka regler som gäller för ditt land eller delstat.

Rödljusterapi

Under de senaste åren har rödljusterapi blivit alltmer populär, och marknaden har exploderat med produkter. Plattformar som Amazon och eBay erbjuder ett brett utbud av kvalitetsprodukter till överkomliga priser.

Hur fungerar rödljusterapi?

Rödljusterapi kombinerar användningen av rött ljus och nära-infrarött ljus (NIR). Det röda ljuset är synligt för ögat, medan nära-infrarött ljus har längre våglängder och är osynligt för blotta ögat, men det tränger djupt in i kroppen. Rött ljus verkar på hudens yta, medan NIR-ljus kan tränga fem till sex centimeter in under huden och påverka djupare vävnader som muskler, leder och nerver.

Rött ljus

Rött ljus interagerar med fotoreceptorer i kroppens celler och kan förbättra hudens hälsa och utseende genom att öka blodcirkulationen, stimulera cellförnyelse och minska hudbristningar. Det bidrar även till att huden ser yngre och mer elastisk ut.

Nära-infrarött ljus (NIR)

NIR-ljus tränger djupt in i kroppen och når muskler, leder, kapillärer och nervändar. Det är särskilt effektivt för smärtlindring, förbättrad blod- och lymfcirkulation samt viktminskning. Dess förmåga att nå djupare vävnader, inklusive hjärnan och inre organ, ger också terapeutiska effekter på olika kroppssystem.

Fördelar med rödljusterapi:

Minskar rynkor och ökar hudens elasticitet

Främjar viktminskning

Lindrar smärta

Positiva effekter på neuropsykiatriska tillstånd

Ökar syresättning och blodcirkulation

Stöder kroppens avgiftningsprocess

Stärker immunförsvaret

Förbättrar både psykisk och fysisk prestation

Rödljusterapi och Restless legs syndrom (RLS)

Nära-infrarött ljus (NIR) har visat sig ha terapeutiska effekter som förbättrad cirkulation, minskad smärta och inflammation. Vissa studier antyder att NIR kan vara effektivt för att behandla neurologiska tillstånd genom att främja nervregenerering och skydda nervceller.

NIR-ljusets effekt på mitokondrierna innebär att det kan förbättra deras förmåga att använda syre mer effektivt, vilket leder till bättre syresättning av cellerna. Detta uppnås genom förbättrad blodcirkulation, ökad syreleverans till vävnader och optimerad mitokondriefunktion.

Rödljusterapi - En del av min dagliga rutin

Även om det saknas specifik forskning om rödljusterapi och RLS, har jag upplevt positiva effekter av behandlingen. För mig har rödljusterapi blivit en viktig del av min dagliga rutin för både RLS och diabetes. Behandlingen kräver dock tålamod och kontinuerlig användning för att ge märkbara resultat.

Min setup för rödljusterapi

Jag använder en golvlampa på cirka 40 x 25 centimeter samt ett diodband, cirka 12 x 50 centimeter, som jag virar runt foten. Varje kväll behandlar jag mig i 30 minuter och kan bekräfta de positiva effekterna som ofta tillskrivs rött ljus. Efter två månaders regelbunden behandling har mina symtom på RLS minskat i intensitet – smärtan och stickningarna har avtagit, jag somnar lättare och sover mer sammanhängande. Dessutom har mitt blodsocker sjunkit, och huden på mina ben, som tidigare var torr och tunn, har blivit starkare och mer elastisk, tack vare den förbättrade cirkulationen.

Min rödljuslampa kostade 280 euro på Amazon, och mitt rödljusband cirka 80 euro, även det köpt där. Om jag skulle beskriva något som en "mirakelkur", så är det rödljusterapi. Om du har möjlighet, rekommenderar jag varmt att du provar denna behandling.

Det finns inga kända biverkningar av rödljusterapi, och det verkar inte medföra någon risk för ögonen. För säkerhets skull använder jag dock alltid skyddsglasögon, trots att vissa menar att ljuset även kan ha positiva effekter för ögonen.

Kan metylenblått vara ett genombrott för restless legs?

Att hitta effektiva behandlingar för Restless Legs Syndrome (RLS) är fortfarande en utmaning, då tillståndet är kopplat till komplexa neurologiska och metabola obalanser. En ny möjlig lösning håller på att ta form i metylenblått, en förening känd för sina neuroprotektiva och mitokondriestödjande egenskaper. Kan detta vara det genombrott som RLS-drabbade har väntat på?

Vetenskapen bakom metylenblått

Metylenblått har använts i över ett sekel inom olika medicinska områden, från behandling av infektioner till motgift vid cyanidförgiftning. På senare tid har forskning lyft fram dess roll för neurologisk hälsa. Studier visar att det förbättrar mitokondriernas funktion, minskar oxidativ stress och stödjer hjärnans ämnesomsättning. Dessa egenskaper gör det till en lovande kandidat för neurodegenerativa och neurologiska sjukdomar, inklusive Parkinsons, Alzheimers – och nu potentiellt även RLS.

Hur metylenblått kan hjälpa vid RLS

Flera viktiga mekanismer tyder på att metylenblått kan vara fördelaktigt för personer med RLS:

Förbättrar mitokondriernas funktion: RLS har kopplats till mitokondriell dysfunktion, vilket påverkar nervcellernas förmåga att producera energi effektivt. Metylenblått fungerar som en elektrondonator i mitokondrierna och hjälper cellerna att generera mer ATP (adenosintrifosfat), cellernas primära energikälla. Denna förbättrade energiproduktion kan bidra till att stabilisera nervsystemet och minska RLS-symptom.

Minskar oxidativ stress: Oxidativ stress är en viktig faktor bakom nervskador och dysfunktion. Studier visar att metylenblått har starka antioxidativa egenskaper som hjälper till att neutralisera skadliga fria radikaler. Genom att skydda nervcellerna från oxidativ skada kan det lindra den obehagliga nervpåverkan som är kopplad till RLS.

Stödjer nervsystemets hälsa: RLS tros vara kopplat till en obalans i dopaminvägar och perifer nervfunktion. Metylenblått har visat sig öka blodflödet till hjärnan och förbättra balansen av signalsubstanser, vilket potentiellt kan stabilisera nervfunktionen och minska de ofrivilliga känslorna och rörelserna vid RLS.

Har antiinflammatoriska effekter: Ny forskning tyder på att neuroinflammation kan spela en roll vid RLS. Metylenblått har visat sig ha antiinflammatoriska egenskaper, vilket kan bidra till att dämpa den underliggande inflammationen som driver nervöveraktivitet och obehag.

En ny möjlig strategi för RLS-behandling

Nuvarande behandlingar för RLS, inklusive dopaminagonister, järntillskott och livsstilsförändringar, ger varierande resultat och kan ofta ha biverkningar. Metylenblått erbjuder ett nytt, potentiellt säkrare tillvägagångssätt som riktar in sig på flera av de bakomliggande mekanismerna vid RLS.

Författaren till Restless Legs: Discover the Cause and Find the Cure utforskar just nu metylenblått som en del av en ny behandlingsstrategi för RLS. Denna forskning kan ge värdefulla insikter i dess effektivitet och möjliggöra en ny behandlingsväg för RLS-drabbade.

Vad väntar framöver?

Även om mer forskning behövs för att bekräfta den långsiktiga säkerheten och effekten av metylenblått vid RLS, pekar tidiga fynd på att det har stor potential. Med sin förmåga att förbättra mitokondriernas

403

funktion, skydda nervceller, minska oxidativ stress och stödja nervsystemets hälsa kan det bli ett revolutionerande tillskott i behandlingen av RLS.

För dem som kämpar med RLS kan metylenblått vara en spännande ny möjlighet värd att utforska. Allt eftersom forskningen går framåt kan det bli en viktig del av framtidens RLS-behandling. Håll utkik efter fler uppdateringar i takt med att detta lovande ämne genomgår mer omfattande tester och utvärderingar.

Fotband: Restiffic & Restpads

Restiffic är en produkt som har fått blandade recensioner på nätet. Jag var initialt skeptisk till att ett band med en T-formad kudde under foten skulle kunna lindra restless legs, men efter en veckas användning märkte jag att det faktiskt hjälpte. Detta fick mig att fördjupa mig i teorin bakom produkten.

Fotbandet, med sin T-formade platta, skapar ett konstant tryck under fotvalvet på två specifika muskler: abductor hallucis och flexor hallucis brevis. Teorin är att detta tryck skickar signaler till hjärnan för att slappna av musklerna, vilket kan minska sammandragningar och kramper.

Minskade muskelsammandragningar

Denna metod med konstant tryck hjälper till att minska eller eliminera muskelsammandragningar och kramper, på samma sätt som kiropraktorer använder tryck på triggerpunkter för att behandla spända muskler i ryggen och axlarna. Hjärnan behöver kontinuerligt sensorisk feedback från olika delar av kroppen, och när den inte får tillräckligt med sådan information kan den skicka motoriska signaler för att stimulera det berörda området. Detta kan liknas vid att hjärnan "pingar" foten för att återfå sensorisk feedback.

Restiffic pads och Restpads

Jag har uppnått bäst resultat genom att kombinera Restiffic-pads med en annan produkt, Restpads. Restpads är ett textilband med inbyggda magneter som spänns runt vaden. Kombinationen av dessa två produkter har ofta hjälpt mig att minska eller helt eliminera muskelsammandragningar.

Tillgänglighet

Jag har nyligen försökt köpa fler Restiffic footwraps, men Produkten verkar vara slutsåld. Det finns en kopia från England med samma namn, men den har inte samma kvalitet.

Kombinerad effekt – teori

Min teori är att Restpads och Restiffic fungerar bra tillsammans tack vare det tryck de skapar på specifika triggerpunkter i vaden, snarare än magneterna i sig. Jag har även manuellt applicerat tryck på musklerna i fotvalvet och på triggerpunkterna i vaden, och jag har uppnått liknande positiva resultat.

Lågtryck och restless legs syndrom

En fysioterapeut frågade mig en gång om jag hade märkt att mina symtom förvärras vid lågtryck. Frågan överraskade mig, men jag insåg att jag ofta drabbas av migrän eller huvudvärk vid väderomslag. Hon delade med sig av sin egen erfarenhet – att hennes ledvärk alltid blir värre under lågtryck – samt förklarade att hon hade köpt en väderstation med digital display för att hålla koll på det barometertrycket.

Nyfiken på sambandet följde jag hennes råd och började övervaka väderförhållandena. Det tog inte lång tid att märka att jag mådde som bäst under högtryck, medan mina RLS-symtom förvärrades vid lågtryck och väderomslag. Detta är särskilt tydligt under vintern, speciellt vid snöoväder.

Solsemestrar: Den ovärderliga lättnaden

Det finns ingen mystik med hur kroppen påverkas av väderförhållanden. Vid djupa lågtryck och kraftiga vindar uppstår infraljud – lågfrekventa ljudvågor som vi inte kan höra men som kroppen kan uppfatta. Dessa ljudvågor kan bidra till trötthet, nedstämdhet och allmänt obehag. Hos vissa individer kan infraljud till och med utlösa migrän och förvärra RLS-symtom.

Under mina semestrar i södra Europa har jag märkt en markant förbättring av mitt välmående. Efter några veckor i solen märker jag en betydande förbättring. Klimatvård har länge visat sig ge långvariga positiva effekter, särskilt för patienter med reumatism, och solsemestrar verkar kunna erbjuda liknande fördelar för personer med RLS. Frågan är om det är klimatet, den ökade D-vitaminproduktionen, eller en kombination av båda som bidrar till förbättringen.

Identifiera vad som försämrar dina symtom

Att identifiera vad som utlöser och förvärrar RLS-symtom är avgörande för att effektivt kunna hantera sjukdomen. Även små faktorer kan påverka ett redan känsligt eller obalanserat nervsystem, vilket gör det viktigt att identifiera och undvika aktiviteter som triggar symtomen.

Jag har slutat med vissa fysiskt krävande aktiviteter, som att byta däck på bilen, eftersom det ofta leder till nattliga muskelsammandragningar. Att stå länge, som när jag lagar mat under flera timmar, ger mig också negativa reaktioner.

Överdriven träning eller för intensiv stretching kan också ge liknande effekter. Många upplever att hård träning på kvällen förvärrar symtomen, så det kan vara bra att träna tidigare på dagen. Däremot har jag märkt att En lugn kvällspromenad med hunden har ofta visat sig ge en positiv effekt.

408

Stretching – Nervmobilisering

Dessa två övningar kan hjälpa till att lindra symtom på restless legs och erbjuder långsiktig lindring, samtidigt som de ibland ger omedelbar hjälp.

Sphinx Pose är en mild bakåtböjning som används både i yoga och rehabilitering. Den stärker ryggmusklerna och förbättrar ryggradens flexibilitet. Denna position rekommenderas ofta för nybörjare och personer med ryggproblem, eftersom den är mindre intensiv än andra bakåtböjningar som Cobra Pose.

Här är en kort beskrivning av hur man utför Sphinx Pose och Cobra Pose:

Sphinx Pose (Salamba bhujangasana)

Utgångsposition

Ligg på magen med benen raka och fötterna ihop eller höftbrett isär.

Placering av armar

Placera underarmarna på golvet parallellt med varandra, med armbågarna direkt under axlarna. Håll händerna platt mot golvet.

Lyft bröstet

Tryck underarmarna mot golvet och lyft bröstet samt huvudet uppåt. Håll nacken i en neutral position och blicken framåt.

Andas och håll

Andas lugnt och håll positionen i 15–30 sekunder, eller så länge det känns bekvämt.

Cobra Pose (Bhujangasana)

Utgångsposition

Ligg på magen med benen raka och fötterna ihop eller lätt isär.

Placering av händer

Placera händerna under axlarna, med armbågarna nära kroppen.

Lyft överkroppen

Tryck händerna mot golvet och lyft bröstet med hjälp av ryggmusklerna. Håll armbågarna lätt böjda och axlarna sänkta.

Andas och håll

Lyft bröstet så högt som känns bekvämt utan att översträcka ryggen. Håll positionen i 15–30 sekunder och andas lugnt innan du långsamt återgår till utgångspositionen.

Dessa ställningar kan anpassas beroende på din flexibilitet och styrka.

Fördelar med Sphinx Pose och Cobra Pose

Stärker ryggmusklerna: Hjälper till att stärka musklerna i nedre ryggen och stöder ryggraden.

Förbättrar ryggradens flexibilitet: Ökar rörligheten i ryggraden, särskilt i ländryggen.

Öppnar bröstet och främjar andningen: Främjar djupare andning och bättre hållning.

Lindrar stress och trötthet: Den milda bakåtböjningen har en uppiggande effekt samtidigt som den minskar mental trötthet.

Genom att inkludera dessa övningar i din dagliga rutin kan du uppnå både omedelbar och långsiktig lindring av RLS-symtom.

Tips och försiktighetsåtgärder

Undvik översträckning: Belasta inte ländryggen för mycket. Om du känner smärta, sänk överkroppen något.

Håll armbågarna nära kroppen: Detta skyddar axlarna och den övre delen av ryggen från överbelastning.

Kontraindikationer: När du bör undvika övningen

Personer med allvarliga ryggproblem, karpaltunnelsyndrom eller som nyligen genomgått bukoperation bör undvika dessa poser eller konsultera en läkare innan de utför dem.

Anpassningar

Om full Cobra Pose känns för intensiv, prova Baby Cobra genom att hålla armbågarna böjda och lyfta endast bröstet och huvudet.

För mer detaljerad information och visuella guider, besök resurser som Yoga Journal och Verywell Fit.

Sammanfattning

Cobra Pose: Mer intensiv – armarna används aktivt för att lyfta kroppen högre, vilket skapar en djupare bakåtböjning.

Sphinx Pose: Mindre intensiv – armarna används för att stabilisera snarare än att lyfta, vilket ger en mildare böjning av ryggen.

Kommentar

Cobra Pose är en utmärkt stretch för oss med restless legs. Inled med Sphinx Pose för att bygga upp styrkan i ryggen och övergå sedan till den mer avancerade Cobra Pose. Gör denna övning en eller flera gånger per dag för bästa resultat.

Fördelar med dessa övningar:

Ökat blodflöde till ryggraden, vilket ger mer syre och näring till diskarna.

Mild dekompression av ryggradens diskar.

Stärkta ryggmuskler.

Öppnar upp den främre delen av kroppen, med stretching av bukmusklerna.

Förbättrad hållning och minskad belastning på ryggmusklerna.

Att regelbundet inkludera dessa övningar i din rutin kan lindra symtom och stärka kroppen.

Nervmobilisering: En del av min dagliga rehabilitering

Nervmobilisering har varit en central del av min dagliga rehabilitering av symtom på RLS i över 15 år. Jag har gjort vissa övningar dagligen, och de hjälper till att lindra besvären. Du kan enkelt utföra övningarna i sängen, framför TV:n eller som en paus från datorn.

Vad innebär nervmobilisering?

Nervmobilisering, även känd som nervglidning eller neural mobilisering, är en terapeutisk teknik som används för att behandla nervrelaterad smärta och dysfunktion. Genom försiktiga, kontrollerade rörelser syftar tekniken till att förbättra nervens rörlighet och elasticitet. Nedan följer en närmare beskrivning av nervmobilisering och dess fördelar:

Syftet och fördelarna med nervmobilisering

Förbättrad nervfunktion med ökad nervglidning: Nervmobilisering hjälper nerver att glida genom omgivande vävnader, vilket minskar tryck och irritation som kan orsaka smärta.

Minskad nervkompression: Genom att minska kompression och inflammation lindras symtom som domningar, stickningar och smärta.

414

Smärtlindring: Används för att behandla smärta orsakad av nervirritation eller kompression, exempelvis vid karpaltunnelsyndrom, ischias och tennisarmbåge.

Förbättrad rörlighet och flexibilitet: Nervmobilisering kan reducera rörelsebegränsningar och återställa normal nervfunktion, vilket förbättrar den totala rörligheten och välbefinnandet.

Tekniker för nervmobilisering:

Nervglidning (neural gliding):

Rörelser: Mjuka, rytmiska rörelser som hjälper nerverna att glida genom sina banor utan översträckning.

Exempel: Glidning av medianusnerven där armen sträcks ut och handleden och fingrarna böjs och sträcks för att mobilisera nerven.

Nervsträckning (neural stretching):

Rörelser: Längre sträckningar utförs på nerven för att förbättra dess elasticitet.

Exempel: SLR (Straight Leg Raise) för ischiasnerven, där benet lyfts rakt upp medan du ligger ner, vilket sträcker ischiasnerven.

Krypningar framför TV:n

Många med restless legs upplever att krypningarna börjar när man har satt sig bekvämt framför TV, eller kanske tillhör du dem som masserar vaderna samtidigt som du tittar?

Här är några enkla knep som kan hjälpa

Använd en pilatesboll: Ibland sitter jag på en pilatesboll framför TV:n. Detta hjälper troligtvis eftersom du sitter med en annan vinkel i ryggraden och måste använda benen för att hålla balansen.

Fotpall eller soffbord: Om du sitter i en soffa eller fåtölj, lägg upp fötterna på en fotpall eller soffbord. Lyft ena foten 10 cm, håll kvar 30 sekunder och byt sedan fot. Variera genom att dra tårna mot dig på den fot som är i luften.

Klinisk användning och försiktighetsåtgärder:

Rekommendationer: Nervmobilisering bör utföras av utbildade terapeuter, eftersom felaktig teknik kan förvärra symtomen. Fysioterapeuter och kiropraktorer är vanligtvis utbildade i dessa tekniker.

Patientanpassning: Teknikerna anpassas efter varje patients specifika tillstånd och toleransnivå för att säkerställa säkerhet och effektivitet.

Kombinerade metoder: Nervmobilisering kombineras ofta med andra behandlingsformer som stretching, styrketräning och ergonomisk rådgivning för bästa resultat.

För mer information och specifika övningar, besök källor som Physiopedia och Cleveland Clinic.

Nervmobilisering del två

Här är några övningar som kan kan effektivt lindra symtom på RLS

Ligg på rygg i sängen eller på en yogamatta. Ta några djupa andetag och kom till ro.

Sträck tårna så långt framåt du kan, tills du känner att vadmuskeln sträcks. Håll kvar drygt fem sekunder.

Sträck tårna i motsatt riktning, mot dig, och håll kvar fem sekunder.

Variera övningen genom att lyfta ett ben i taget, cirka tio cm från sängen eller golvet. Sträck tårna framåt och dra dem sedan bakåt medan du håller benet i luften.

Ligg på rygg med hälarna på golvet.

Vrid båda fötterna till vänster, likt vindrutetorkare, och håll kvar fem sekunder.

Vrid fötterna till höger, håll kvar fem sekunder.

Ligg på rygg och dra upp knäna med fötterna platt mot golvet.

Lyft hälarna så högt du kan med tårna kvar i kontakt med golvet, och håll fem sekunder.

Sänk hälarna till golvet och lyft tårna så högt du kan, och håll i fem sekunder.

Upprepa övningen växelvis.

Övning för sittande på bänk

Sitt på en bänk med benen hängande fritt.

Luta huvudet framåt mot bröstkorgen och böj högra benet inåt så att tårna pekar nedåt.

Sträck ut ditt högra ben rakt fram och böj tårna mot dig.

Samtidigt, lyft huvudet bakåt och håll ryggen rak.

Upprepa växelvis med höger och vänster ben.

418

Om du vaknar och inte kan somna om på grund av krypningar

Ibland kan du uppleva ett skov eller en svår natt med intensiva krypningar. Få inte panik. Som tidigare nämnts följs svåra dagar oftast av bättre perioder.

Vad du kan göra om du vaknar på natten och inte kan somna om:

Gå upp ur sängen.

Gå upp och drick lite vatten.

Smörj in vaderna med magnesiumolja eller Voltaren gel.

Öppna fönstret för att få in frisk luft.

Sätt dig på sängkanten, placera handflatorna på knäna, sträck på ryggen och svanka lätt i korsryggen, och luta huvudet bakåt. Detta bör lugna krypningarna. Sitt kvar i tio till femton minuter tills benen lugnat sig.

Ligg på rygg i sängen, dra upp knäna och lägg händerna i kors bakom låret på det ena benet. Dra upp det så högt du kan och håll kvar några minuter, fokusera på benet där krypningarna är värst.

Ligg på rygg och lägg upp båda benen mot väggen. Håll dem där tills du känner att krypningarna avtar.

Ligg på rygg med uppdragna knän. Korsa ett ben över det andra så att vaden vilar på motsatt knä. Massera försiktigt utsidan av låret på det överliggande benet.

Krypningar i armarna och augmentation

Restless legs syndrom (RLS) kan sprida sig till andra delar av kroppen. En del personer upplever inte bara krypningar eller obehag i benen, utan även i armar, axlar eller händer. Orsakerna bakom detta fenomen är ännu inte helt klarlagda.

En teori är att dessa symtom kan vara ett tecken på augmentation. I medicinsk kontext avser augmentation förvärring av symtom efter långvarig användning av dopaminerga läkemedel, såsom dopaminagonister och L-dopa. Detta kan innebära att symtomen sprider sig till nya kroppsdelar, uppträder tidigare på dagen eller blir mer intensiva.

Vissa experter föreslår att termen "augmentation" borde ersättas med "överdosering" i relation till dessa läkemedel, eftersom det tydligare skulle beskriva de negativa effekter som kan uppstå vid långvarig användning.

Strategier för att hantera augmentation

Om du upplever krypningar i armarna är det viktigt att du rådgör med din läkare. Några strategier för att hantera dessa biverkningar kan inkludera:

Minska dosen av dopaminerga läkemedel.

Dela upp dosen under dagen för att minska risken för augmentation.

Byta till ett läkemedel med långverkande depåeffekt.

Överväga att avbryta behandlingen med dopaminerga läkemedel helt, om läkaren anser det lämpligt.

Jag har periodvis upplevt krypningar i armarna under de senaste sex åren. För att hantera detta har jag testat att dela upp min dos av Sifrol (en dopaminagonist) i tre mindre doser, utspridda under eftermiddagen och kvällen. Denna strategi har delvis hjälpt.

Nackdelen med att dela upp dosen är att medicinens effekt kan kännas något svagare. Trots det har jag funnit detta användbart, särskilt när krypningarna i armarna blir intensivare. Under sådana perioder delar jag upp dosen under några veckor för att se om det ger lindring.

Voltaren med diklofenak för lindring av krypningar i armar och Axlar

En av de största utmaningarna med krypningar i armar och axlar är att dessa symtom ofta är mer intensiva och svårare att lindra med medicinering. Som jag nämnt tidigare har Voltaren gel visat sig vara effektiv mot krypningar i vaderna. Det aktiva ämnet i Voltaren, diklofenak, har också varit hjälpsamt för att lindra krypningar i armarna. Sedan 2020 är dock diklofenak i tablettform receptbelagt.

Om du upplever krypningar eller obehag i armar eller händer kan det vara värt att prova Voltaren med diklofenak. Det är dock viktigt att notera att den receptfria varianten av Voltaren inte innehåller diklofenak, så du behöver få ett recept från din läkare. Diskutera eventuella risker och biverkningar med läkaren för att säkerställa att behandlingen är säker för dig.

Ökad smärtkänslighet som en del av problemet

Jag upplever också att irriterade eller komprimerade nerver kan orsaka att symtomen från RLS förvärras. Troligen beror detta på att personer med RLS ofta har en ökad smärtkänslighet och ett överaktivt nervsystem, vilket kan förstärka smärtsignaler och obehagskänslor.

Krypningar i armarna kan delvis bero på att utrymmet i ryggraden och axlarna minskar. Detta kan uppstå när man sitter för mycket, ofta hopsjunken framför en dator, vilket gör att diskar och brosk mellan kotorna pressas samman och skapar trängsel för nerverna.

Gångstavar och stretching

Att göra stretchövningar som avlastar trycket på nerverna kan lindra krypningar eller obehagskänslor i armar och händer.

För oss med RLS kan krypningar eller obehagskänslor i armarna uppstå spontant, vid tunga lyft eller promenader. Jag kan få obehag i armarna en till två nätter efter att ha klippt häcken på tomten. Om du tycker om långa promenader kan gångstavar vara ett bra hjälpmedel för att upprätthålla rätt hållning.

De stretchövningar som rekommenderas har visat sig vara effektiva för att lindra krypningar i armarna.

Om du vaknar på natten av krypningar i armar, axlar eller händer, prova det här:

• Lägg händerna bakom huvudet och försök somna om.

423

• Om du inte kan sova, gå upp och sätt dig i en fåtölj med fotstöd. Ta med täcke.

• Luta huvudet svagt bakåt, dra bak axlarna och andas med djupa andetag.

• Håll händerna bakom huvudet, sätt upp fötterna på fotpallen

• Lyft axlarna lätt mot öronen eller sträck upp armarna i luften för att avlasta trycket mot nerverna

Även om det kan ta ett tag, kommer du somna.

Att stretcha axlarna hjälper dig att få bättre rörlighet och hållning. Sök på Google efter stretchövningar för axlar, du kommer att hitta många bra alternativ.

Mirakelövning mot krypningar i armar

Den här övningen har helt eliminerat krypningar i armarna för mig. Jag upptäckte den av en ren slump, men den har visat sig vara mycket effektiv.

Lägg en yogamatta eller ett dubbelvikt täcke på golvet.

Ta fram en tennisboll.

Lägg dig på rygg och placera tennisbollen mellan skulderbladen.

424

Utförande:

Försök ligga kvar i minst 20 minuter. Om det känns svårt första gången, börja med 10 minuter och öka gradvis tills du klarar 20 minuter.

Lyssna gärna på musik medan du gör övningen för att slappna av.

Variera genom att sträcka ut armarna och hålla dem rakt ut, rakt upp eller bakom huvudet,

Lyft växelvis ena benet 10 centimeter från golvet och håll i 20–30 sekunder.

Om det känns ansträngande, dra upp knäna för att avlasta.

Fortsätt att göra denna övning en till två gånger om dagen tills krypningarna i armarna upphör. Använd inget hårdare än en tennisboll. Om tennisbollen känns för hård, börja med en hoprullad handduk. Om du inte uppnår önskad effekt, justera bollens placering några centimeter upp eller ner tills du hittar den mest effektiva platsen. (Förtydligande: tennisbollen placeras på ryggkota mellan skulderbladen)

"Läkning är inte linjär – men du är alltid på väg."

Saker som kan förvärra Restless legs – vad du bör undvika

Genom åren har jag samlat på mig erfarenheter av olika preparat, mediciner och aktiviteter som kan utlösa eller förvärra RLS-symtom. Jag delar här även med mig av insikter från andras upplevelser. Det är viktigt att förstå att detta inte gäller för alla, eftersom människor reagerar olika på stimuli. Det som lindrar symtomen för vissa kan förvärra dem för andra.

Tunga lyft

Många, inklusive jag själv, har märkt att tunga lyft kan utlösa RLS-symtom. Detta kan leda till att symtomen börjar tidigare på dagen och blir mer intensiva på natten. För mig innebär tunga lyft att hantera något som väger över 15 kilo, men det kan variera från person till person.

Långvarigt stående

Att stå under långa perioder, exempelvis att stå hela dagen och laga mat till gäster kan förvärra RLS-symtom avsevärt. Studier visar att lärare, som ofta står under större delen av dagen, är överrepresenterade bland personer med RLS.

För att minska risken för förvärrade symtom under långa stående perioder är det viktigt att ta regelbundna pauser där du sitter ner och rör på fötter och tår. Kortare stretchövningar, som Sphinx Pose, kan även minska belastningen.

Diabetesmedicin GLP-1 (glukagonliknande peptid-1)

Jag har upplevt en kraftig förvärring av mina RLS-symtom när jag använt diabetesmediciner som innehåller GLP-1. Mediciner som Victoza och Rybelsus gav god effekt på min diabetes – jag kunde gå ner i vikt och sluta med insulin. Tyvärr förvärrades mina RLS-symtom så pass mycket att jag tvingades avbryta behandlingen.

När jag slutade med GLP-1-medicinerna märkte jag en förbättring inom 1–2 dagar. Det är synd att dessa mediciner, som annars fungerar bra för diabetes, förvärrade mina restless legs så markant.

Melatonin

Jag läste på ett forum att några personer rapporterade att melatonin triggade igång RLS-symtom. Personerna i fråga hade annars inte RLS. Det är möjligt att vissa individer är känsliga för melatonin, men det kan även bero på andra faktorer. Eftersom RLS följer ett cirkadiskt mönster, med symtom som oftast uppträder på kvällar och nätter, kan melatonin potentiellt förstärka eller utlösa symtomen när det tas vid dessa tider. Själv har jag tagit melatonin regelbundet i 15 år utan att uppleva någon negativ effekt på mina RLS-besvär, men det är något att vara medveten om ifall du planerar att prova.

Rökning och dess effekter

Om du röker och har problem med restless legs syndrom (RLS) kan det vara dags att fimpa för gott. En av de ledande teorierna kring orsaken till RLS är att det uppstår störningar i mikrocirkulationen. Nikotin och andra kemikalier i cigaretter skadar blodkärlen och gör dem smalare, vilket minskar blodflödet och syretillförseln till vävnaderna, inklusive de minsta blodkärlen, kapillärerna. Detta försämrar mikrocirkulationen.

Alkohol: Hur påverkar alkohol personer som har RLS?

Effekten av alkohol på restless legs syndrome (RLS) eller Willis-Ekboms sjukdom (WED) varierar mellan individer. Vi reagerar olika på olika substanser, och det som lindrar symtom hos vissa kan förvärra dem hos andra. När det gäller alkohol finns det ingen generell regel – du måste själv testa och observera hur din kropp reagerar. Det kan vara bäst att avstå helt från alkohol, men om du väljer att dricka, gör det med försiktighet och observera noggrant eventuella förändringar i dina symtom

Många personer med RLS rapporterar att deras symtom förvärras eller triggas av alkohol. Det finns flera möjliga förklaringar.

Nervsystemets roll

Alkohol påverkar det centrala nervsystemet och kan orsaka neurologiska symtom, inklusive muskelryckningar och darrningar. Dessa symtom uppstår eftersom alkohol stör nervsignaleringen och påverkar kroppens normala funktioner.

Rebound-effekt

Alkohol fungerar genom att dämpa nervsystemets aktivitet, vilket för vissa kan innebära tillfällig lindring av RLS-symtomen. Problemet uppstår när alkoholen bryts ner och lämnar kroppen kan nervsystemet reagera med överaktivitet, vilket förvärrar symtomen i en så kallad rebound-effekt.

Elektrolytbalans och muskelkramper

Alkohol kan också påverka kroppens elektrolytbalans, särskilt nivåerna av magnesium och kalium, som är avgörande för en korrekt muskelfunktion. När dessa mineraler kommer i obalans kan muskelryckningar och kramper uppstå – ett problem som många med RLS redan är känsliga för.

Effekterna av uttorkning

Alkohol fungerar vätskedrivande och ökar urinproduktionen, vilket kan orsaka uttorkning. Dehydrering kan störa elektrolytbalansen och leda till muskelkramper, vilket ytterligare förvärrar RLS-symtomen.

Kaffe: Förvärrar det symtom?

Kaffe sägs ofta förvärra RLS-symtom, och jag har tidigare själv druckit stora mängder espresso. Idag har jag minskat på min kaffekonsumtion, vilket är något som rekommenderas på de flesta hälsosidor om RLS, även om en tydlig förklaring till varför kaffe skulle förvärra symtomen ofta saknas.

Det finns några möjliga orsaker till kaffets negativa inverkan:

1. Kaffe kan hämma kroppens upptag av B-vitaminer, som är viktiga för nervfunktionen.

2. Kaffe kan hämma kroppens metyleringscykel, som är central för nervsystemets hälsa.

3. Koffein är ett centralstimulerande medel som ökar frisättningen av neurotransmittorer som dopamin och noradrenalin. Även om dopamin är viktigt för hanteringen av RLS, kan överdriven stimulering eller fluktuationer i dopaminnivåerna förvärra symtomen genom att överstimulera nervbanor.

RLS är ofta kopplat till hyperaktivitet i nervsystemet, och koffein kan förvärra detta genom att öka nervsystemets retbarhet och förstärka symtom som krypningar eller stickningar.

4. RLS har en nära koppling till låga järnnivåer i hjärnan. Koffein kan hämma upptaget av järn från kosten i mag-tarmkanalen. Minskad tillgång på järn kan försämra dopaminproduktionen och metabolismen, vilket potentiellt kan förvärra RLS-symtom.

5. Koffein kan öka muskelspänningen och förvärra känslor av rastlöshet, särskilt hos individer som är känsliga för dess effekter. Den ökade spänningen kan utlösa eller förvärra de typiska krypande känslorna och obehaget vid RLS.

Att minska sitt kaffedrickande kan därför vara ett enkelt sätt att lindra symtomen och förbättra sömnen.

432

Koffeinfritt kaffe och metylering

För dig som älskar kaffe men vill minska ditt koffeinintag finns det alternativ. Jag dricker mest kaffe från Nespresso-kapslar, och det finns koffeinfria varianter, även kallade "decaf". För att stödja kroppens metyleringsprocess, som spelar en viktig roll för nervsystemets funktion, växlar jag mellan koffeinfritt kaffe och vanligt kaffe.

Andra faktorer som kan förvärra Restless legs syndrom (RLS)

Flera faktorer i vardagen som kan utlösa eller förvärra symtomen på RLS. Här är några saker som jag och andra har observerat:

Högt intag av socker och kolhydrater

En kost med högt innehåll av socker och snabba kolhydrater kan ytterligare förvärra RLS-symtom. Höga blodsockernivåer kan leda till inflammation och påverka nervsystemet, vilket kan trigga krypningar och muskelryckningar. Försök att minska intaget av raffinerat socker och kolhydratrik mat för att se om det gör någon skillnad.

Hög träningsdos

Fysisk aktivitet är generellt bra för att hantera RLS, men överdriven eller intensiv träning kan ibland ha motsatt effekt. Kroppen behöver tid för återhämtning, och för mycket träning kan leda till nervirritation och muskeltrötthet, vilket i sin tur kan förvärra symtomen.

Överstretching och nervirritation

Stretching är ett utmärkt komplement till träning och kan förbättra rörligheten och lindra muskelstelhet. Enligt min erfarenhet kan för intensiv stretching trigga RLS-symtom. Detta kan bero på att nerverna blir irriterade av överansträngning. Prova dig fram och hitta en nivå som fungerar för dig utan att överbelasta musklerna

Långa resor – En utmaning för RLS

Längre resor med flyg eller tåg kan vara extra påfrestande för personer med Restless legs syndrom (RLS), särskilt under kvällstid när symtomen ofta förvärras. Här är några tips för att underlätta resandet:

Kompressionsstrumpor:

Bär kompressionsstrumpor för att förbättra blodcirkulationen under resan.

Rör dig regelbundet: Promenera regelbundet i mittgången för att främja blodcirkulationen. Även en kort promenad kan göra skillnad.

Stretching och rörelser i stolen: Gör enkla övningar som att vicka på tårna, lyfta hälarna, lyfta på främre foten och pressa tårna mot dig. Att massera vaderna kan också främja blodcirkulationen.

Långtidsverkande mediciner

Det kan vara värt att diskutera med din läkare om användning av långtidsverkande mediciner inför längre resor. Tidigare fanns till exempel Sifrol 0,54 mg (pramipexol) som depåtablett, ett alternativ som ger långvarig lindring av symtomen. Det finns även plåsterbaserade behandlingar som appliceras på huden och ger kontinuerlig effekt.

Voltaren gel och Gin & Tonic

En annan rekommendation är att ta med Voltaren gel under resan. Voltaren, som har både antiinflammatoriska och smärtstillande egenskaper, kan lindra besvär i vaderna under flygresor. Om du väljer att dricka alkohol på flyget kan Gin & Tonic vara ett intressant val – tonicvatten innehåller kinin, som historiskt sett har använts för att lindra muskelkramper och kan ha en positiv effekt på RLS-symtom. Om alkohol tenderar att trigga RLS-symtom hos dig kan ett kaliumtillskott hjälpa till att dämpa detta (baserat på min egen erfarenhet).

Väderomslag och RLS

Väderomslag, särskilt vid lågtryck och snöfall, kan ibland förvärra RLS-symtomen. Förändringar i atmosfärstrycket kan påverka nerv- och muskelfunktionerna, vilket kan intensifiera obehaget.

Restless legs och smärta: En djupdykning i medicinska perspektiv

Smärta kan definieras på olika sätt beroende på vilket medicinskt perspektiv som används. Inom traditionell kinesisk medicin (TCM), särskilt akupunktur, betraktas smärta som ett resultat av "obstruktion". Obstruktion syftar på blockeringar i kroppen, både anatomiska och energimässiga. Inom akupunkturen beskrivs smärta som ett resultat av blockeringar i energiflöden eller störningar i nervledningar. Genom att åtgärda dessa blockeringar kan smärta lindras eller till och med elimineras.

Enligt TCM orsakas smärta när Qi och blod inte flödar fritt genom kroppens meridianer (energibanor).

Även obehag är smärta

För patienter med restless legs syndrom (RLS) beskrivs smärtan ofta som mild och definieras snarare som "obehag". Trots det klassificeras obehaget som smärta inom traditionell kinesisk medicin. RLS karakteriseras av obehag och muskelsammandragningar, som orsakas av retningar eller irritationer i nerverna, oavsett om den bakomliggande orsaken är kemisk, mekanisk eller en kombination av dessa faktorer.

Smärta eller obstruktion, kan också orsakas av icke-fysiska faktorer som stress eller utmattning. Dessa faktorer kan påverka kroppen på liknande sätt som fysiska blockeringar, och betraktas därför också som former av obstruktion inom detta perspektiv.

Smärtfri – restless legs fri

Sammanfattningsvis kan man säga att när du är fri från smärta eller obstruktion, är du sannolikt också fri från restless legs-symtom.

"Det är inte du som är komplicerad. Det är vården som är förenklad."

Mina DNA-tester: Svaren jag letade efter

Under arbetet med denna bok har jag gjort tre olika DNA-tester:

DNA-metylering

DNA-metabol hälsa

DNA-diet och näring

Gentester används för att diagnostisera eller bedöma risken för sjukdomar som beror på kromosomavvikelser eller genetiska förändringar. Gentester utförs ofta inom sjukvården när det finns en känd ärftlig sjukdom i familjen. Vanliga sjukdomar som påverkas av genetiska faktorer inkluderar hjärt- och kärlsjukdomar, diabetes, cancer, autoimmuna sjukdomar och olika neurologiska tillstånd.

Dessa tester kan identifiera genetisk risk för sjukdomar som hjärtsjukdom och bröstcancer, samt visa om man bär på anlag som kan föras vidare till barn, särskilt om både man själv och partnern är bärare.

Optimera din hälsa

För den som vill optimera sin hälsa eller förstå grundorsaken till eventuella hälsoproblem finns det hälsotester som kan utföras hemma.

Dessa tester ger detaljerad information om kroppens funktioner och ger möjlighet att göra justeringar innan problemen blir allvarliga.

DNA-metyleringstest

Detta test erbjuder en omfattande analys av kroppens metyleringsförmåga genom att undersöka viktiga gener som MTHFR, COMT och BHMT. Analysen ger insikter om hur väl kroppen hanterar centrala biologiska processer kopplade till metylering, en process som är avgörande för DNA-reparation och genuttryck. Många metyleringstester brukar analysera 20-30 olika gener som påverkar metyleringscykeln.

DNA metabolisk hälsotest

Detta test analyserar 240 noggrant utvalda gener för att ge en bred förståelse av din metabola hälsa. Testet erbjuder detaljerad information om din metabolism, blodsockerreglering, vikt, sköldkörtelfunktion och ger personliga rekommendationer baserade på din genetiska profil.

DNA diet & nutritiontestet

Testet analyserar dina genetiska variationer för att ge en detaljerad förståelse av hur din kropp bearbetar olika näringsämnen. Resultaten kan hjälpa till att optimera din kost och anpassa ditt näringsintag efter dina specifika behov.

440

Mina resultat var mycket intressanta och gav mig svar på många frågor om min hälsa som jag haft under lång tid. Genom dessa tester kunde jag få konkreta fakta om min kropp, baserat på min genetiska uppsättning från befruktningsögonblicket, och sluta gissa om min hälsostatus.

Dubbelmutation av MTHFR

Huvudsyftet med mitt DNA-test var att få en bättre förståelse för hur min metyleringsprocess fungerar. När jag skickade in mina prover till labbet sa jag till min fru: "Med tanke på min hälsa borde testet visa att jag har en dubbelmutation i MTHFR-genen. Allt annat vore en överraskning."

Fyra veckor senare fick jag ett mejl: "Du har mail." Två av tre tester från GetTested var klara, men metyleringstestet dröjde. Efter ytterligare två timmar kom nästa mejl, och det sista testet var klart. Rapporten var omfattande och tog tid att gå igenom, men till slut stod det klart att mina misstankar var riktiga.

Genmutationerna rs1801133 och rs1801131

Jag upptäckte att jag hade en dubbelmutation i MTHFR-genen, med varianterna rs1801133 och rs1801131. Dessa genvarianter saktar ned metyleringsprocessen i min kropp, något jag är övertygad om har bidragit till mina symtom på restless legs syndrom (RLS).

Game changer

När jag började ta högre doser av metylerade B-vitaminer upplevde jag en markant förbättring. Krypningarna, muskelsammandragningarna, neuropatiska smärtorna och huvudvärken minskade. Detta resultat var en verklig game changer som förändrade mitt liv totalt.

Trög metylering – En möjlig förklaring till mina problem

Testresultaten talar för sig själva. Lösningen på mina problem fanns inte i en magnetröntgen av hjärnan, utan i mina gener. En trög metyleringsprocess kan leda till brist på aktiva vitaminer och råämnen, vilket i sin tur kan orsaka neurologiska symtom, såsom de jag upplevt.

De övriga DNA-testerna

Jag genomförde de andra testerna mest av nyfikenhet och eftersom det ingick i ett paketpris. Dessa visade att jag hade en hög risk för insulinresistens, förhöjda blodsockernivåer på morgonen, överätning, övervikt samt gluten- och histaminintolerans. Testerna gav även detaljerade kostråd och rekommendationer om kosttillskott, allt sammanställt i en 36-sidig rapport.

Tänk om dessa tester hade funnits för 40 år sedan

Om dessa tester hade funnits för 30-40 år sedan hade mitt liv kanske sett annorlunda ut. Jag kanske hade kunnat förebygga min diabetes och sluppit den tunga kampen med att gå ner 45 kilo i vikt.

Jag är mycket nöjd med att ha genomfört dessa DNA-tester. Nu har jag en konkret plan för hur jag ska hantera min hälsa resten av livet. Informationen om mina gener ger mig ett starkt verktyg för att optimera min hälsa och utveckla den bästa versionen av mig själv.

Tips på DNA-test företag

www.restlesslegssyndrom.com

"Du kommer inte tillbaka till den du var. Du bygger
något starkare."

Slutord

Ett rop på hjälp

Jag hade länge funderat på att skriva en bok om restless legs syndrom (RLS). Anledningen var enkel: Under mina tjugo år med sjukdomen hade jag samlat på mig många knep och metoder som faktiskt fungerade. Men det som verkligen fick mig att ta steget var en kontakt jag fick via sociala medier.

En kvinna, förtvivlad och rådlös, delade sin historia om sin multisjuka dotter som även led av svår RLS/WED. Hon hade nyligen upptäckt att dottern hade börjat söka på nätet efter självmordskliniker utomlands – en sista utväg i en till synes hopplös situation. Deras berättelse gjorde mig djupt berörd. Jag insåg att många människor lider i tysthet, utan att veta att det faktiskt finns hjälp att få.

Efter några dagar låg ett första utkast till boken på mitt skrivbord. Den unga kvinnan mår idag bättre, och hon blev den första personen som fick ett exemplar av boken skickat till sig.

Livet med med Restless legs syndrom (RLS): Utmaningar och hopp

Att leva med Restless legs syndrome (RLS), eller Willis-Ekbom Disease, är en stor utmaning för både den drabbade och deras nära och kära. RLS är en neurologisk störning som innebär obehagliga känslor och ett oemotståndligt behov av att röra benen, särskilt under kvällar och nätter. Detta leder ofta till sömnbrist, trötthet och en försämrad livskvalitet. För att skapa en bättre förståelse är det avgörande att familj och vänner inser att RLS är en osynlig men påtaglig sjukdom som kräver stöd och förståelse i vardagen.

Familjens roll och förståelse

Familjens stöd är ovärderligt för en person med RLS. Det första steget är att inse att symtomen är både verkliga och påfrestande. Detta kan innebära att ha tålamod när nattsömnen avbryts på grund av behovet att röra benen eller att anpassa dagliga rutiner för att minska stress och förbättra sömnen.

Livsbeslut och begränsningar

Att leva med RLS innebär ibland att fatta svåra beslut och att avstå från aktiviteter som andra tar för givna. Långvariga stillasittande sociala

446

evenemang kan vara utmanande, och långa resor kan bli särskilt besvärliga på grund av begränsad rörelsefrihet. Att behöva avstå från sådana aktiviteter kan kännas isolerande, men det är viktigt att hitta alternativa sätt att vara social, som att välja aktiviteter med mer rörelse eller kortare sittperioder.

Hopp och hantering

Trots de utmaningar som RLS innebär är det viktigt att aldrig ge upp hoppet om att lindra eller till och med bli av med symtomen. Det finns flera behandlingsmetoder och strategier för att hantera RLS, inklusive läkemedel, livsstilsförändringar och olika former av terapi. Regelbunden motion, god sömnhygien och kosttillskott som järn, B-vitaminer och magnesium hjälper många.

Forskningen gör ständigt framsteg, och nya behandlingar och terapier utvecklas kontinuerligt. Håll dig uppdaterad om de senaste forskningsrönen och tveka inte att rådgöra med en läkare för att anpassa din behandlingsplan efter behov.

Slutsats

Att leva med RLS är utan tvekan en utmaning, men med stöd från familj och vänner och genom att fatta medvetna livsbeslut går det att hantera sjukdomen så att dess inverkan på livet minimeras. Det viktigaste är att inte förlora hoppet och fortsätta söka efter lösningar som kan förbättra livskvaliteten. Genom förståelse och omtanke kan familj och närstående spela en avgörande roll i att hjälpa den drabbade att leva ett meningsfullt och bättre liv.

jack.bloom@restlesslegssyndrom.com

www.restlesslegssyndrom.com

Ordlista

Akut

Ett tillstånd som uppstår plötsligt och ofta är kortvarigt men intensivt.

Aminosyra

En aminosyra är en organisk förening som fungerar som byggsten för proteiner. Aminosyror är essentiella för många biologiska processer, inklusive syntes av proteiner och enzymer, samt cellstruktur och funktion.

Anamnes

Betyder sjukdomshistoria. Läkaren genomför en anamnes genom att ställa frågor till

dig om eventuella ovanliga symtom och tidigare sjukdomar.

Antagonist

Antagonist syftar inom farmakologin på ett läkemedel, eller annan substans, som verkar genom att binda till en receptor och därmed motverkar den fysiologiska

agonistens verkan.

Antioxidant

Antioxidanter är en grupp av ämnen som ska förhindra bildning och skadeverkan från reaktiva ämnen, så kallade fria radikaler. Många antioxidanter är vitaminer som till exempel vitamin C.

Augmentation

Augmentation är behandlingsorsakad förvärring av symtom, förekommer vid

behandling med dopaminagonist och levodopa. Nyare term är "överdosering av

dopaminagonist och levodopa"

Basalganglierna

Basalganglierna är en grupp nervceller djupt inne i hjärnan som spelar en central roll i att kontrollera och reglera motoriska rörelser, men de är också viktiga för andra funktioner som inlärning, beteende och känslomässig bearbetning. De fungerar som en sorts kontrollsystem som hjälper till att justera rörelser, säkerställa att de är jämna och koordinerade, och förhindra onödiga eller oönskade rörelser.

Biohacking

Biohacking innebär att man slutar se sig som ett offer för sina gener, ödet eller omständigheterna och tar precis allting i egna händer. Biohacking strävar efter att ge individer större kontroll över deras egna biologiska processer och hälsa, med målet att leva längre och friskare. Helt enkelt att ta fram den bästa versionen av dig.

Biotillgänglighet

Biotillgänglighet är ett begrepp inom farmakologi som visar hur stor del av ett

läkemedel som når systemkretsloppet i en organism, ofta underförstått människa.

Central sensitisering

Central sensitisering, där det centrala nervsystemet blir överkänsligt för sensoriska signaler, är en trolig mekanism i RLS. Eftersom NMDA-receptorer är inblandade i smärta och sensoriska upplevelser, kan deras överaktivering leda till en överdriven perception av obehag i benen. Personer med RLS beskriver ofta en förstärkt känsla av obehag eller smärta, och central sensitisering kan vara en underliggande orsak till detta. Ökad känslighet i ryggmärgen och hjärnan skulle kunna förstärka symtom på RLS.

Cirkardisk rytm

Cirkadisk rytm är kroppens interna biologiska klocka som styr sömn- och vakenhetscykler, kroppstemperatur, hormonproduktion och andra viktiga funktioner under en 24-timmarsperiod. Den påverkar hur kroppen fungerar under dygnet och anpassar sig till ljus och mörker.

CNS

Förkortning av centrala nervsystemet som består av hjärnan och ryggmärgen.

DNA

DNA eller deoxiribonukleinsyra är det kemiska ämne som bär den genetiska informationen, i samtliga av världens kända organismer. DNA-molekylen finns i identiska kopior i varje cell i en organism.

Dopamin

En av kroppens mest viktiga signalsubstanser. Kanske mest känd för att ha en central roll i hjärnans belöningssystem. Brist på dopamin kan leda till allvarliga sjukdomar.

Dopaminagonist

452

Dopaminagonister är läkemedel som härmar dopaminets effekter och de kallas därför ibland för dopaminhärmare. Syftet är att läkemedlet ska ge en liknande effekt på hjärnans nervceller som dopamin.

Differentialdiagnos

Differentialdiagnostik är inom medicinsk terminologi särskiljande av sjukdomar med

likartade symtom.

Egenremiss

En egenremiss är en skriftlig begäran om att få träffa en specialistläkare eller få tillgång till viss specialistvård, som patienten själv skriver utan att gå via en allmänläkare eller annan vårdpersonal. Egenremissen skickas direkt till den mottagning eller specialistavdelning där man önskar vård.

Elektromyografi (EMG)

En teknik för att mäta och registrera muskelaktivitet.

Enzym

Ett protein som stimulerar eller påskyndar en viss reaktion i kroppen, till exempel matsmältningsenzymer som hjälper till att bryta ned livsmedel till näringsämnen.

Etiologi

Inom medicin används termen för anledningar och bakomliggande orsaker till sjukdomar och sjukdomstillstånd.

Farmakokinetik

Är läran om läkemedelsomsättning i kroppen, det vill säga om hur halterna av

ett läkemedel i kroppen förändras genom absorption, distribution (fördelning), metabolism och utsöndring.

Fria radikaler

Fria radikaler är molekyler som lätt reagerar med andra ämnen i kroppen. Det kan under vissa omständigheter skada våra celler.

GABA

GABA (gamma-aminosmörsyra) är en viktig signalsubstans (neurotransmittor) i hjärnan och centrala nervsystemet. Dess huvudsakliga funktion är att verka hämmande, vilket innebär att den minskar nervcellernas aktivitet och hjälper till att balansera eller lugna ner nervsystemet. GABA bidrar till att reglera ångest, sömn,

454

muskelavslappning och övergripande nervaktivitet, vilket gör det till en viktig komponent för kroppens lugn och avslappning

Gen

En gen är en sekvens av DNA som innehåller den nödvändiga informationen för att producera en specifik molekyl, vanligtvis ett protein, som utför en funktion i cellen. Gener är de grundläggande enheterna för ärftlighet och överför genetisk information

från en generation till nästa. Mäniskan har ca 22.000 gener fördelade på de olika kromosomerna.

Glutamat

lutamat är den vanligaste och mest kraftfulla stimulerande signalsubstansen (neurotransmittorn) i hjärnan och det centrala nervsystemet. Dess huvudsakliga funktion är att öka nervcellernas aktivitet genom att skicka exciterande signaler mellan nervcellerna. Glutamat är avgörande för flera viktiga hjärnfunktioner, inklusive inlärning, minne och kognitiva processer.

Trots dess viktiga roll kan överdriven glutamataktivitet vara skadlig. För mycket glutamat i hjärnan kan leda till överstimulering av nervceller. Detta fenomen är kopplat till flera neurologiska sjukdomar, såsom epilepsi, stroke, Alzheimers sjukdom och kronisk smärta.

Glutamat och GABA är två viktiga motsatser i hjärnan: medan glutamat stimulerar nervcellerna och höjer aktiviteten, fungerar GABA som en hämmande signalsubstans som minskar aktiviteten. En balans mellan glutamat och GABA är avgörande för en frisk hjärnfunktion.

Genetik

Studiet av ärftlighet och gener; vissa former av RLS kan vara ärftliga.

Genuttryck

Processen där information från en gen används för att skapa ett funktionellt protein eller RNA.

Homeostas

Kroppens förmåga att bibehålla en stabil inre miljö trots förändringar i den yttre miljön.

Homocystein

Homocystein är en aminosyra som bildas av metionin. Brist på B6, B9, B12 kan leda till förhöjda nivåer av homocystein i blodet och det kan orsaka hjärtsjukdom och neurologiska sjukdomar.

Hyperexcitabilitet

Hyperexcitabilitet är relevant för RLS eftersom tillståndet innebär överaktivitet i de nervbanor som styr motorik och sensorik i benen. Hyperexcitabilitet i motorneuroner kan orsaka den oemotståndliga impulsen att röra benen, vilket är ett centralt symptom vid RLS.

Idiopatisk

diopatisk är en medicinsk term som används för att beskriva ett tillstånd eller en sjukdom som uppstår utan någon känd eller identifierbar orsak. När läkare inte kan fastställa en bakomliggande orsak till ett sjukdomstillstånd, kallas det för idiopatisk.

(Vi har ingen aning, men vi gissar fritt)

Lesion

Lesion är en medicinsk term för skada eller sjuklig förändring i funktion eller

organstruktur, orsakad av såväl yttre våld som sjukdom.

Liposomal

Liposomal är en inkapslingsteknik där mikroskopiska bubblor (liposomer) fylls med

läkemedel och näringsämnen och transporteras till avsedda vävnader i kroppen utan

457

att släppa ut det på vägen.

Klinisk Diagnos

Läkaren gör en sammanvägd bedömning av resultaten från en rad olika

undersökningar och provtagningar.

Klämd nerv

Klämda nerver leder ofta till domningar och stickningar och det är ett vanligt symtom

bland de som har nacke och ryggproblem. Till exempel kan ett nackproblem vara

orsak till stickningar i en arm eller en ländryggsskada kan orsaka domningar ned i

ena benet

Koenzym

en bärarmolekyl, är en kemisk substans som inte är ett protein men som behövs för

aktivering av några enzymer.

Kronisk

458

Ett tillstånd som varar länge eller återkommer över tid.

Magnesium

Ett mineral som är viktigt för muskel- och nervfunktion samt energiproduktion. Finns cirka 30 olika varianter, alla med olika egenskaper.

Magnetisk resonanstomografi (MRI)

En avbildningsteknik som använder magnetfält för att skapa detaljerade bilder av kroppens inre strukturer. Magnetröntgen på vardagsspråk.

Metylering

Metylering är en biokemisk process där en metylgrupp (en kolatom bunden till tre väteatomer, $-CH_3$) överförs till en molekyl, såsom DNA, proteiner eller andra molekyler. Denna process spelar en viktig roll i genreglering, DNA-reparation, avgiftning och många andra cellulära funktioner.

Mineral

Ett mineral är ett oorganiskt näringsämne som kroppen behöver i små mängder för olika fysiologiska funktioner. Dessa inkluderar ben- och tandhälsa, muskel- och nervfunktion, samt vätskebalans. Mineraler måste intas genom kosten eftersom kroppen inte kan producera dem själv. Exempel på viktiga mineraler är kalcium, järn och kalium.

Motoriska symtom

Symtom relaterade till rörelse, såsom ryckningar eller ofrivilliga rörelser i benen.

Nervkompression

Till följd av degenerativa förändringar eller så kallade åldersförändringar minskar

utrymmet för nervrötterna i spinalkanalen vilket leder till att de utsätts för tryck

Neurologi

Neurologi är en gren av medicinen som behandlar sjukdomar i nervsystemet . Dock

kan begreppet även syfta på studiet av nervsystemet i helhet.

Neurolog

En läkare som är specialist i området kallas för neurolog och är utbildad för att diagnostisera, behandla och hantera patienter med neurologiska sjukdomar. Många

neurologer är inblandade i klinisk forskning.

neuroexcitabilitet

Neuronal excitabilitet är nervcellernas förmåga att reagera på stimuli genom att generera och skicka elektriska signaler, även kallade aktionspotentialer. Det innebär att en nervcell kan "tändas" och skicka en signal när den påverkas av en viss nivå av stimuli, som kan vara kemiska, elektriska eller fysiska signaler.

Nivån av excitabilitet beskriver hur lätt eller svårt det är för en nervcell att bli aktiverad. Om en cell har hög excitabilitet, krävs det mindre stimuli för att utlösa en signal, medan lägre excitabilitet innebär att det behövs starkare stimuli.

Neuropati

Neuropati är en medicinsk term som beskriver skador eller sjukdomar som påverkar nervsystemet, särskilt nerverna i det perifera nervsystemet (de nerver som löper utanför hjärnan och ryggmärgen). Neuropati kan påverka både sensoriska, motoriska och autonoma nerver, vilket kan leda till en mängd olika symtom, beroende på vilka nerver som är skadade, till exempel smärta, domningar, pirrningar, försämrad känsel och balans.

Neuroplasticitet

Hjärnans förmåga att förändras och anpassa sig som svar på erfarenheter och skador.

En nyckelfaktor i hur hjärnan kan kompensera för dopaminbrist och andra neurologiska utmaningar.

Neurotransmittor

Kemikalier som överför signaler mellan nervceller (neuroner) i hjärnan och andra delar av nervsystemet.

Off-label-förskrivning

Användning som avviker från från den godkända produktbeskrivningen, såsom användning på indikationer som inte är godkända eller med en avvikande dos.

Parkinsons sjukdom

Parkinsons sjukdom orsakas av att nervecellerna i ett särskilt område i hjärnan, substantia nigra, bryts ner. Sjukdomen gör sig oftast tillkänna i vid 55-60 års ålder och påverkar förmågan att kontrollera kroppen. Skakningar, långsamhet och stelhet är vanliga symtom.

PLMS

PLMS står för Periodic Limb Movement in Sleep (periodiska benrörelser under sömn). Det är ett sömntillstånd som kännetecknas av repetitiva, ofrivilliga rörelser i benen (och ibland armarna) under sömnen. Dessa rörelser sker vanligtvis i intervaller och kan störa sömnens kvalitet, både för personen som upplever dem och deras partner. PLMS är vanligt hos personer med restless legs syndrome (RLS) men kan även förekomma utan RLS eller andra underliggande tillstånd.

Prevalens
Andelen av en befolkning som lider av ett tillstånd.

Primär RLS
RLS som uppstår utan underliggande sjukdom eller tillstånd.

Remiss

En remiss är en förfrågan i hälso- och sjukvården och tandvården om någon annan kan ta över ansvaret för en patient eller göra en viss undersökning. Oftast handlar det om att patienten behöver någon form av specialistkompetens för att få rätt undersökning eller vård och behandling.

Restless Legs Syndrome (RLS)

Ett neurologiskt tillstånd som orsakar en okontrollerbar lust att röra på benen, ofta på grund av obehagliga förnimmelser.

Sekundär RLS

RLS som uppstår som ett resultat av en annan sjukdom eller tillstånd, såsom järnbrist eller njursvikt.

Sensoriska symtom

Symtom relaterade till sinnesintryck, såsom stickningar eller krypningar i benen vid RLS.

Signalsubstans

Signalsubstans kallas även neurotransmittor och är en molekyl som förmedlar en nervsignal på kemisk väg från en nervcell till en annan i vårt nervsystem.

Symtom

Något som en person känner eller upplever som kan tyda på att de har en sjukdom eller ett tillstånd.

Synergist

Ett läkemedel eller preparat som förstärker eller förbättrar effekten av annat preparat eller läkemedel.

Syntes

Kemisk syntes innebär att kemiska reaktioner används för att avsiktligt framställa en,

eller ibland flera, kemiska föreningar ur andra kemiska föreningar. Syntes

förekommer ofta inom både organisk kemi och oorganisk kemi.

Systemsjukdom

Med systemsjukdom menas att flera olika organ kan påverkas av sjukdomen.

Till exempel om flera organ i kroppen inflammeras samtidigt. Exempel på sådan sjukdom är sarkoidos.

Tyrosinhydroxylas

Ett enzym som omvandlar aminosyran tyrosin till L-DOPA, en föregångare till dopamin.

Vitamin

En vitamin är ett organiskt ämne som är nödvändigt i små mängder för att kroppen ska fungera korrekt. Vitaminer kan inte syntetiseras av kroppen i tillräckliga mängder och måste därför intas genom kosten. De spelar viktiga roller i metabolism, immunfunktion, och upprätthållandet av hälsa och välbefinnande.

Referenser

(1)Lena Leissner, överläkare, Läkartidningen 04/2006

(2) Linda Marthin, Umeå Universitet.

http://www.diva-portal.se/smash/get/diva2:840827/FULLTEXT01.pdf I

(3) "The role that the nitric oxide pathway plays in regulating vasodilation of the legsin restless legs syndrome."

XZSSSA

(4) Sagheb MM, Dormanesh B, Fallahzadeh MK, Akbari H, Sohrabi Nazari S, Heydari

ST, Behzadi S. Efficacy of vitamins C, E, and their combination for treatment of

restless legs syndrome in hemodialysis patients: a randomized, double-blind,

placebo-controlled trial. Sleep Med. 2012 May;13(5):542-5. doi:

10.1016/j.sleep.2011.11.010. Epub 2012 Feb 7. PMID: 22317944.

467

(5) ISSEI NISHIYAMA, TSUNEO TANAKA, DAIHACHI TSUMURA, EFFECT OF

THIAMINE TETRAHYDROFURFURYL DISULFIDE (TTFD) ON PHYSICAL FITNESS

CHIEFLY ON MUSCLE STRENGTH, Japanese Journal of Physical Fitness and

Sports Medicine, 1972, Volume 21, Issue 1, Pages 6-15, Released on J-STAGE

September 30, 2010, Online ISSN 1881-4751, Print ISSN 0039-906X,

https://doi.org/10.7600/jspfsm1949.21.6,

https://www.jstage.jst.go.jp/article/jspf

sm1949/21/1/21_1_6/_article/-char/en

Romana Stehlik (Överläkare. Smärtcentrum / Akademiska Sjukhuset)

www.internetmedicin.se/neurologi/restless-legs-syndrome-rlswillis-ekbom-disease-wed

martinajohansson.se

Frosst P, Blom HJ, Milos R, et al. Nature Genetics. 1995

Schwahn B, Rozen R. The American Journal of Clinical Nutrition. 2001

Scaglione F, Panzavolta G. Xenobiotica. 2014

www.garybrecka.com

www.frontiersin.org/journals/neurology/articles/10.3389/fneur.2018.0055
1/full

Referenser

Newman JC, Verdin E. Ketone bodies as signaling metabolites. Trends Endocrinol Metab. 2014.

https://www.ncbi.nlm.nih.gov/pmc/articles/PMC4038384/

Weinstock LB, et al. Restless legs syndrome in patients with irritable bowel syndrome. Sleep Med. 2011.

https://pubmed.ncbi.nlm.nih.gov/21570907/

Mattson MP, et al. Meal frequency and timing in health and disease. PNAS. 2018.

https://www.ncbi.nlm.nih.gov/pmc/articles/PMC5958952/

Longo VD, Panda S. Fasting, circadian rhythms, and healthy lifespan. Cell Metab. 2016.

https://www.ncbi.nlm.nih.gov/pmc/articles/PMC5783752/

Ett tack!

Tack för att du läst.

Om du är här – på sidan 469-snåret – har du tagit dig igenom ett område som fortfarande förbryllar vården. Jag hoppas att boken gett dig något att tänka på, något att testa, och framför allt: hopp.

"Vi kallar det idiopatiskt när vi inte förstår det – men kroppen är aldrig utan orsak."

– okänd